위기의 시대,
왜
이순신인가

위기 극복의 길이 보인다

위기의 시대, 왜 이순신인가

지용희, 장호준 지음

생존과 **도약**을 위한 ──

위기관리 정신 과
리더십

바른북스

이순신을 알면
위기관리의 길이 보인다

　지금 우리는 불확실성과 위기의 시대에 살고 있다. 언제 어디서 위기라는 먹구름이 몰려올지 모른다. 기후변화로 인해 2000년 이상 산다는 바오밥baobab 나무의 돌연사가 이어지고 있다. 개인이나 기업도 위기에 제대로 대처하지 못하면 서서히 사라지는 것이 아니라, 갑자기 도태될 수 있다.

　이러한 위기의 시대에 살아남으려면 무엇보다도 위기관리를 잘해야 한다. 이를 위해 이루 말할 수 없는 악조건에서도 한 번도 패배하지 않고 연전연승을 이끌어 국가존망의 위기에서 나라를 구한 이순신의 위기관리를 본받아야 한다.

　이순신의 함대가 한 번 출동해서 싸웠던 모든 전투를 각각 1회

의 해전으로 산정하는 세부해전을 기준으로 하면, 이순신은 45
전 40승 5무승부의 전적을 달성했다. 이순신은 45회의 해전 중
에 한 번도 패배하지 않고 무려 40회의 해전에서 승리한 것이다.
더욱 놀라운 사실은 우리 측의 피해는 거의 없이 이순신이 승리
했다는 점이다. 예를 들면 이순신은 한산도해전에서 적선 73척
중 59척, 안골포해전에서 적선 42척 중 20여 척을 침몰시켰지만
우리 전선을 한 척도 잃지 않았다. 이러한 이순신의 경이로운 전
적은 세계적으로도 비슷한 사례를 발견하기 어렵다.

　이순신은 많은 고난 속에서도 빈틈없는 위기관리로 경이로운
승리를 이끌어 냈다. 이순신의 『난중일기』를 보면 아팠다는 기
록이 많이 나온다. 병의 원인은 스트레스였을 것이다. 여건이 따
라주지 않는데도 전쟁을 이겨야만 했다. 주민들과 피난민들까지
보살펴야 했다. 이런 가운데 모함하는 사람들도 있었다. 그는 한
인간이 받을 수 있는 최대의 중압감에 시달렸다. 책임감에 짓눌
려 잠도 제대로 자지 못했다.

　이순신은 매번 승리했음에도 불구하고 전쟁 중에 감옥에 끌려
가 고초를 겪고, 풀려난 뒤에도 백의종군하라는 수모를 당했다.
전쟁 중에 어머니와 막내아들을 잃었다. 『난중일기』에도 울었다
고 기록할 정도로 그는 괴롭고 외로워했다. 못 견디게 괴로워 술
도 마셨다.

　그러나 이순신은 자기조절능력 등 회복 탄력성回復彈力性이 매우
높았다. 이순신은 역경과 시련을 새로운 도약의 발판으로 삼아

더 큰 성취를 일구어 냈다. 명량해전을 앞두고 이순신은 몸이 아파 인사불성이 되기도 했으나, 이러한 고통을 정신력으로 버텨 최악의 상황에서도 기적과도 같은 승리를 이끌어 냈다.

이순신은 역경과 시련 속에서도 새벽 일찍 일어나 끊임없이 병서를 보며 병법, 전략, 전술을 연구했다. 각 전투마다 다양한 전략과 전술을 구사할 수 있었던 것도 피나는 노력의 결실이었다. 이순신은 공감 능력도 뛰어나 백성과 부하들을 따뜻하게 보살폈다. 자신이 소외되고 어려운 길을 걸어왔기에 누구보다도 다른 사람의 어려움을 잘 헤아리고 남보다 먼저 도와주려고 노력했다. 이 결과 이순신은 부하, 백성들과 하나가 되어 임진왜란이라는 국가존망의 위기를 극복할 수 있었다.

위기관리의 본질은 시대가 바뀌고 분야가 다르다고 해도 변하지 않는다. 지금과 같은 위기의 시대에는 무력을 동원한 전쟁뿐만 아니라 매일 벌어지는 경제전쟁 등 다른 분야에서도 이순신의 빈틈없는 위기관리를 본받아야 한다.

이순신의 위기관리를 본받는 데 도움이 될 수 있도록, 이 책에서는 먼저 위기관리의 주요 요소별로 이순신이 어떠한 정신과 리더십으로 위기를 관리했는가를 살펴보았다. 다음으로는 이러한 이순신의 위기관리 정신과 리더십을 다양한 분야에서 벤치마킹하는 데 도움이 될 수 있는 참고사례들을 소개했다.

예를 들면 이 책 3장의 주제인「한 번도 패배하지 않는다」에서는 먼저 이순신이 수많은 전투에서 어떻게 위기관리를 해서 한 번도 지지 않고 승리할 수 있었는가를 살펴본 후, 수많은 사업에서 한 번도 실패하지 않고 삼성그룹을 일구어 낸 이병철의 사례, 그리고 주식 투자에서 "절대로 돈을 잃지 않는다."라는 원칙으로 세계적 부자가 된 투자의 귀재 워런 버핏의 사례를 소개했다.

지금 우리는 인공지능, 사물인터넷, 로봇기술, 드론, 자율자동차, 가상현실 등이 주도하는 4차 산업혁명 시대를 맞이하고 있다. 이에 따라 일의 성격과 방식이 크게 바뀌고 있으므로, 위기관리는 더욱 중요해지고 있다. 이에 따라 미래 인재에게 필요한 역량도 많이 바뀌고 있다.

세계 1위 컨설팅그룹 맥킨지가 최근 실시한 조사에 따르면 취업 가능성, 직업만족도를 좌우하는 미래 인재의 가장 중요한 역량은 '불확실성에 대한 대응능력'으로 나타났다. 이에 따라 직장도 잘 구하고 만족스러운 직장생활을 할 수 있으려면, 불확실성으로 발생할 수 있는 다양한 위기를 예측하고 이에 대처하기 위한 위기관리능력을 꼭 갖추어야 한다.

4차 산업혁명뿐만 아니라 기후변화, 인구감소 등 많은 면에서 불확실성이 크게 증대될 것이므로 국가, 기업 등 모든 조직의 리더는 물론 조직의 구성원들도 위기관리능력을 강화해야 한다. 이러한 의미에서 이 책이 조금이라도 도움이 될 수 있기를 기대해 본다.

2024년 1월
지용희, 장호준

목차

✗ 9장 ✗

무한책임 의식과 희생정신

❋ ❋ ❋

맺음말
'정신과 태도'가 중요하다

이 충무공 연보

미주

× 1장 ×

위기를
낭비하지
않는다

이순신은 잘 때도
띠를 풀지 않았다

위기가 오더라도 이를 하늘이 준 기회라고 생각하고 잘못된 것을 뜯어 고치고 새로운 도약을 위한 발판으로 삼아야 한다. 2차 세계대전의 영웅인 영국의 윈스턴 처칠Winston Churchill은 "좋은 위기를 낭비하지 말라Never waste a good crisis."는 명언을 남겼다. 위기가 오면 잘못된 관행과 정책을 되돌아보고 이를 과감히 뜯어 고칠 수 있는 절호의 기회이니 이를 놓치지 말라는 충고다.

이순신은 위기를 조금도 낭비하지 않았다. 다음은 이순신의 진중생활에 대한 기록이다.

—　　"이순신은 매일 밤 잘 때도 띠를 풀지 않았다. …… 그리고 겨

우 한 두 잠 자고 나서는 사람들을 불러들여 날이 샐 때까지
의논하고 …… 이순신이 먹는 것 없이 일에 분주한 것을 본 사
람들이 깊이 걱정했다." [1]

띠는 옷 위로 허리를 둘러매는 끈을 의미하므로 이순신은 잘
때도 겉옷을 다 벗지 않고, 식사도 제대로 하지 못하면서 위기에
대처했던 것으로 보인다. 위기를 극복하기 위해서는 이순신같이
리더가 먼저 온몸으로 위기에 대처하는 자세를 가져야 한다. 이
렇게 하면 부하들도 위기에 대한 긴장의 끈을 놓지 않을 것이다.

이순신은 임진왜란 발발 1년 2개월 전에 전라 좌수사로 임명
되자마자 일본의 대규모 침략에 철저히 대비했다. 현장을 누비
면서 흐트러진 군기를 바로 잡고 기강을 바로 세웠다.

이순신은 시간이 날 때마다 부하들과 활쏘기 연습을 했다. 또
훈련을 게을리하던 부하들의 불평, 불만에도 훈련을 대폭 강화
했다. 이순신은 병력 충원, 각종 무기의 제조, 판옥선 등 전선의
수리와 건조에도 매진했다.

이순신은 군량, 군복 등 군수물자의 부족에도 어려움을 겪었
다. 『난중일기』의 기록이다.

"맑으나 큰 바람이 불었다. 여러 배에 옷 없는 사람들이 살을
에는 듯한 추위에 목을 움츠리고 추위에 떠는 소리를 차마
듣기 어려웠다. 군량도 도착하지 않아 이 역시 답답했다."

이순신은 강압적인 방법으로 백성들로부터 군수물자를 조달할 수도 있었다. 그러나 이순신은 군대와 백성 모두에게 도움이 될 수 있는 둔전 개발을 통한 곡식 재배 등 생산활동이나, 상거래를 통해 군수물자를 조달했다.

—
"이순신이 진중에 있으면서 항상 군량 때문에 걱정해 백성들을 모아 둔전을 경작하게 하고, 사람을 시켜 고기를 잡았으며, 소금 굽고 질그릇 만드는 일에 이르기까지 안 하는 일이 없었고, 또 그것들을 모두 배로 실어 내 판매해 몇 달이 채 안
—
되어 곡식 수만 석을 쌓게 되었다."[2]

적을 이기기 위해서는 주어진 환경을 최대한 활용해야 한다. 이를 위해 이순신은 전라 좌수사로 부임하자마자 관할 지역의 지형과 조류를 조사하였다. 또한 전투 시 긴요하게 이용할 수 있는 요충지를 파악하는 데 힘을 기울였으며, 필요한 곳에는 수중에 장애물을 설치하기도 했다. 이와 같이 주어진 물리적 환경을 최대한 활용하여 연전연승의 기반을 마련했다.

이순신은 거북선이라는 새로운 전함도 개발했다. 일본 수군은 조총을 갖고 있고, 전국시대를 거치면서 수많은 전투 경험을 갖고 있어 칼싸움과 백병전에 강했다. 만약 일본 수군이 우리 전선에 뛰어올라 근접전을 펼친다면, 우리 수군은 이길 가능성이 희박하다. 이순신은 이러한 위기 가능성을 직시하고, 이에 대비하

기 위해 거북선 개발에 혼신의 노력을 기울였다. 이 결과 임진왜란이 터지기 하루 전에 거북선에 장착된 화포의 시험 발사에도 성공하여 거북선 개발을 완료했다. 임진왜란 하루 전인 임진년 1592년 4월 12일 『난중일기』다.

> ── "거북선에서 지자地字, 현자玄字 포를 쏘아 보았다. 순찰사 군
> ── 관 남공이 살펴보고 갔다."

이순신은 적의 강점인 조총과 배 위에서의 칼싸움을 무력화시키기 위해 배 위를 철갑으로 덮은 거북선을 만들었다. 거북선의 철갑 위에는 돛을 올리고 내리기 위한 좁은 십자로를 제외하곤 모두 쇠못을 꽂아 사방 어느 곳에서도 적군이 발을 디딜 수 없게 했다. 거북선 안에서는 밖을 엿볼 수 있지만 밖에서는 거북선 안을 볼 수 없었을 뿐만 아니라, 거북 머리와 거북꼬리 부분, 그리고 배의 좌우에도 화포를 쏘는 구멍이 있어 적이 거북선을 포위할 수 없었다. 이에 따라 적의 강점인 조총과 칼싸움은 위력을 발휘할 수 없었다.

더 나아가 이순신은 거북선으로 하여금 일본 함대의 대장선에 다가가 화포를 발사하도록 했다. 이에 따라 대장선을 중심으로 대형을 이루고 있던 일본 함대는 큰 혼란을 겪게 되었다. 거북선은 포위된 우리 전선의 구출에도 큰 몫을 담당하였다. 원거리 함포 사격 진법을 펼치던 이순신에게 거북선은 최고의 돌격선 역

할을 한 셈이다. 이순신 수군에 종군했던 이분의 기록이다.

——   "설사 적선이 바다를 덮을 정도로 많이 몰려온다 해도 거북선
       이 적의 선단 속을 출입 횡행하면 향하는 곳마다 적이 쓰러졌
       다. 그리하여 크고 작은 해전 때마다 이 거북선으로 언제나
——   승리를 거두었다."[3]

  거북선은 그 활용가치가 인정되어 임진왜란 이후에도 계속 건
조되었으며, 조선왕조실록에 따르면 조선 말기에도 거북선은 운
영되었던 것으로 보인다.

위기를 낭비한 조선,
위기를 기회로 만든 일본

임진왜란 동안 도체찰사로서 군무를 총괄한 류성룡은 처참했던 임진왜란 같은 국가존망의 위기가 되풀이되지 않도록『징비록懲毖錄』을 남겼다.『징비록』은 조선뿐만 아니라 일본, 중국에서도 출판되어 읽힐 정도로 임진왜란의 실상을 파악하고 교훈을 얻는데 중요한 책으로 평가되고 있다.

그러나 조선은 임금의 치부까지 쓰여진『징비록』을 금서로 만든 것에서도 알 수 있듯이, 철저한 반성과 개혁을 하지 않았다. 이 결과 임진왜란이 끝난 후에 발발한 정묘호란, 병자호란에 제대로 대비하지 못해 또다시 나라가 피폐해졌다. 병자호란으로 당시 임금인 인조는 청 태종에게 항복의 표시로 상복을 입고 3번

큰절을 하고, 피가 날 정도로 9번 땅바닥에 머리를 박으며 청 태종에게 항복을 하는 삼전도의 굴욕을 당하게 되었다. 또 항복의 대가로 많은 백성들이 인질로 잡혀가게 되었다.

조선은 병자호란 이후에도 중국에 대한 사대사상과 붕당정치로 많은 면에서 개혁이 부진했다. 또 서양과의 직접적인 교류와 무역이 전혀 없어 서구 각국의 앞선 기술과 국력에 대한 현실을 직시하지 못했다. 특히 흥선대원군은 병인양요, 신미양요를 겪은 후 쇄국정책을 더욱 강화함으로써, 서구의 문물을 받아들여 국력을 신장시킬 수 있는 절호의 기회를 놓쳐 버렸다. 이 결과 우리는 1910년 일본의 강제병합에 따라 국가에 대한 통치권을 상실하고 식민지로 전락하는 치욕을 당했다.

이에 반해 일본은 임진왜란 이후 상공업을 발전시켰으며, 네덜란드 등과의 교류와 무역을 통해 서양문물을 받아들였다. 특히 일본의 집권층은 1853년과 1854년에 미국의 페리Perry 제독이 이끌고 온 함대가 시모다下田에 들어와 개방을 요구하자 미국의 국력이 일본보다 훨씬 앞섰다는 사실을 직시하고 과감하게 개방을 받아들였다. 일본은 위기를 낭비하지 않고 개방, 개혁의 기회로 활용한 것이다. 일본은 이후 메이지 유신으로 국력을 획기적으로 증대시켜 청일전쟁, 러일전쟁에 승리하고 1910년에 조선의 국권을 탈취하였다.

아놀드 토인비는 그의 역작인 『역사의 연구』에서 26개의 다양한 문명권이 각각 어떻게 발전하고 쇠망하는지를 살펴보았다.

그는 민족의 유형을 '재난을 당하고도 대비하지 않는 민족', '재난을 당해야만 대비하는 민족', '재난을 당하지 않고도 미리 대비하는 민족'으로 나누고, "재난을 당하고도 대비하지 않는 민족은 쇠망하고 재난을 당하지 않고도 미리 대비하는 민족"은 번성했음을 발견했다.

조선은 『징비록』을 금서로 만들어 국가 쇄신을 소홀히 했지만, 일본은 『조선징비록』이란 책을 출판하여 조선을 연구하고 반면교사로 삼았다. 이러한 관점에서 보면 조선은 자신의 실수에서도 배우지 못한 반면, 일본은 조선의 실수를 타산지석他山之石으로 삼고 여기서 교훈을 얻어 조선을 식민지로 만들었다고 할 수 있다.

2차 세계대전의 전차전에서 뛰어난 능력을 발휘한 미국의 조지 패튼장군은 "실수에서 배우는 문제에 관해서라면 제일 좋은 방법은 남들의 실수를 통해 배우는 것이다 …… 조국을 위해 죽는 것은 명예스럽지만, 반드시 다른 사람이 그 명예를 갖도록 하라. 우리의 접근 방식은 최선을 다해 노력하고 남을 통해 배우는 것이다."라며 남의 실수에서 교훈을 얻어야 한다고 지적한 바 있다.

'주식 투자의 귀재', '오마하의 현인'이라 불리는 워런 버핏은 사람을 채용할 경우 "우리는 자신의 실수에서 배우는 사람에게는 관심이 없다. 우리는 다른 사람의 실수에서 배우는 사람을 찾고 있다."라고 말한 바 있다. 자신의 실수에서 배우는 사람은 자신의 실수에서도 배우지 못하는 사람에 비하면 현명하다. 그러나 자신의 실수로 많은 손해를 본 후에야 비로소 교훈을 얻는 사

람은 다른 사람의 실수에서 미리 교훈을 얻는 사람보다 어리석
다고 할 수 있다.

앤드류 그로브 인텔 전 회장은 나쁜 기업은 위기 때문에 몰락
하지만, 위대한 기업은 위기 때문에 혁신한다고 말한 바 있다. 위
기는 과거와 단절할 수 있는 절호의 기회를 가져다준다. 위기는
내부 저항을 극복하고 나쁜 관행 등 고질적인 문제들을 과감히
해결하기 위한 혁신의 기회를 제공하기 때문이다. 혁신은 창조
적 파괴 과정이므로 내부 저항이 클 수밖에 없는데, 어떤 조직이
든 간에 위기로 생존 자체가 위협을 받게 되면 내부 저항을 극복
하기가 수월해진다.

위기는 기회와 함께 온다. 연은 순풍이 아니라 역풍에 가장 높
이 날 수 있다. 또 "골이 깊으면 산도 높다"는 말이 있듯이 큰 위
기는 큰 기회를 가져다줄 수 있다. 바다의 썰물이 가장 낮게 되었
을 때가 바로 조류의 방향이 바뀌어 밀물이 들어 오는 때이므로
이러한 기회를 놓치지 않아야 한다.

워런 버핏은 "하락장은 언제나 주식을 매입할 절호의 기회"라
며, "두려울 때 사서 행복할 때 팔아라"는 조언을 했다. 버핏은
"사람들이 두려워하면 탐욕을 부리려 노력하고, 사람들이 탐욕스
러울 때 두려움을 가지려고 노력한다"며[4], 추락의 국면 안에서 상
승의 동력을 이끌어 내고, 위기의 상황에서 반전의 기회를 포착
하는 탁월한 능력과 지혜의 결과로 세계적 거부가 될 수 있었다.

큰 위기일수록 기존의 산업이 무너지면서 새로운 산업과 사업 기회가 창출된다. 코로나 위기로 오프라인 매장들은 생존의 위협을 받게 되었지만, 사람 간의 접촉을 줄일 수 있는 아마존, 쿠팡 같은 온라인 커머스 기업은 더 큰 성장의 기회를 갖게 되었다. 위기에 처한 오프라인 기업들도 온라인 사업 강화 등 산업의 디지털 전환을 통하여 새로운 성장의 기회를 찾을 수 있다. 또 원격교육, 원격진료, 원격근무 등이 늘어나면서 새로운 위험과 함께 새로운 기회도 생겨나고 있다.

코로나 이후의 경제도 코로나 이전의 경제와는 다를 것이다. 마스크 제조 회사 세계 1위인 3M, 세계 2위인 허니웰은 미국 회사들이지만, 마스크를 실제로 만드는 국가들은 중국 등 아시아 국가들이므로 미국은 마스크 부족 사태로 큰 어려움을 겪었다. 이와 같이 글로벌 공급망의 문제가 부각됨에 따라 경제의 세계화globalization 대신, 최종 소비자가 자국과 가까운 곳에서 생산하는 제품을 구매하는 경제의 지역화regionalization가 강화될 것으로 예측된다. 이에 따라 한국 기업들에게 새로운 위험도 나타나겠지만, 이와 동시에 새로운 기회도 창출될 것이다.

라디오, TV, 복사기 등이 대공황 시기에 개발되었다. 앞으로 우리나라는 인구가 계속 감소하여 팽창사회에서 수축사회로 접어들 것이다. 이에 따라 기존의 시장규모가 축소되어 시장 쟁탈전이 더욱 치열해져 많은 기업이 생존에 위협을 받게 될 것이다. 그러나 인구의 변화와 이에 따른 시장의 변화도 예측할 수 있으므로 이런 변화를 새로운 기회로도 활용할 수 있다. 예를 들면 인구 고령화 등 인구구조 변화에 대비한 새로운 사업, 상품, 서비스를 개발하여 새로운 시장을 선점할 수도 있을 것이다.

참고사례

"애플에서 해고당한 것은
내 인생 최고의 행운이었다"

– 애플 창업자 스티브 잡스

　스티브 잡스는 세계 최고의 전자기기 회사 중의 하나인 애플을 창업하여 아이폰 등을 개발한 혁신의 아이콘으로 평가받는 인물이다. 잡스의 생모는 대학을 갓 졸업한 미혼모였기 때문에 그는 1955년 샌프란시스코에서 태어나자마자 가장이 고등학교를 중퇴하고 경비정 기관사로 근무하고 있는 가정에 입양되었다. 잡스는 17세 때 학비가 비싼 리드대학 철학과에 입학했다. 그러나 스티브 잡스는 노동자 계층인 양부모가 저축한 돈이 학비로 들어가는 대학의 교육에 대해 그만한 돈을 투자할 가치를 느끼지 못해 입학한 지 6개월 만에 대학에서 자퇴하였다.

　그 후 스티브 잡스는 20세 때 양부모의 차고에서 스티브 워즈니악과 함께 애플을 창업했다. 그러나 10년 후 자기가 만들고 급성장시킨 애플에서 쫓겨나게 되었다. 그는 2005년 스탠퍼드대학 졸업식의 연설에서 그때의 참담한 심정을 회고하며 "애플에서 해고당한 것이 최고의 행운이었다"고 다음과 같이 말했다.

— "저는 행운아였습니다. 일찌감치 제 인생에서 사랑하는 것을 찾아냈으니까요. 제 친구 워즈니악과 저는 스무 살 때 제 부모님의 차고에서 애플이라는 회사를 차렸습니다. 열심히 일했고, 10년 만에 애플은 달랑 두 명뿐인 차고에서 4,000명이 넘는 종업원을 거느린 20억 달러 규모의 대기업으로 성장했습니다. 우리의 최고 걸작품인 매킨토시 컴퓨터를 출시한 지 일 년 후, 당시 막 서른이 되었는데 저는 해고당했습니다. 어떻게 자신이 창업한 회사에서 해고당할 수 있을까요? 애플사가 성장하면서 저와 같이 회사를 운영해 갈 대단한 재능을 지닌 것으로 여겨지던 사람을 채용했고, 첫 1년여 기간은 순조로웠습니다. 하지만 그 뒤부터 미래에 대한 우리의 시각이 달라지기 시작했고, 마침내 불화가 생겼습니다. 우리 사이가 틀어지자 회사 이사진은 그의 편을 들었습니다. 그 결과, 전 나이 30에 쫓겨나고 말았습니다. 그것도 아주 공개적으로

— 말입니다."

스티브 잡스가 "저와 같이 회사를 운영해 갈 대단한 재능을 지

닌 것으로 여겨지던 사람을 채용했다"고 말한 사람은 펩시콜라 최고경영자인 존 스컬리John Sculley였다. 스컬리는 공격적인 마케팅 전략으로 펩시콜라를 세계적 브랜드로 성장시킨 능력을 인정받아 펩시콜라의 최고경영자가 된 저명한 전문경영자였다.

스티브 잡스는 애플의 급성장으로 전문경영자의 필요성을 절감하고, 1983년 스컬리를 애플의 최고경영자로 영입하려고 했으나 처음에는 스컬리가 스티브 잡스의 제안을 거부했다. 이에 잡스는 스컬리에게 "평생을 설탕물이나 팔면서 남은 인생을 보내시겠습니까? 아니면 저와 함께 세상을 변화시키고 싶으십니까?"라는 말까지 하면서 스컬리에게 열정적으로 애플의 비전과 미래계획을 제시했다. 이 결과 스티브 잡스는 어렵게 스컬리를 애플의 최고경영자로 영입하는 데 성공했다. 그러나 1985년 스컬리와의 경영에 대한 의견충돌과 리더십 스타일의 차이로 스티브 잡스는 자기가 창업하고 성장시킨 애플을 떠나게 된 것이다. 그때의 심정과 다시 애플로 다시 돌아오게 된 과정을 스티브 잡스는 스탠퍼드대학교 졸업식 연설에서 다음과 같이 말하고 있다.

— "성인이 된 후의 인생 목표가 사라졌고, 정말 참담했습니다. 몇 달간은 정말 어찌할 바를 몰랐습니다. …… 저는 철저히 실패한 사람이었고, 아예 이 업계를 떠나버릴까 생각도 했습니다. 그런데 뭔가 제 머리속에 서서히 떠오르기 시작했습니다. 저는 제가 하던 일을 여전히 사랑하고 있었습니다. 애플

에서 일어난 일련의 사건들도 그 사실을 조금도 바꿀 수 없었지요. 비록 거부당했지만, 저는 여전히 사랑에 빠져 있었습니다. 그래서 다시 시작하기로 결심했습니다.

그때에는 몰랐지만, 애플에서 해고당한 것이 제 인생 최고의 행운이었던 걸로 드러났습니다. 성공해야 한다는 정신적 부담이 재출발하는 초심자의 홀가분함으로 바뀌었습니다. 초심자는 모든 것에 확신을 가질 필요가 적으니까요. 그것을 기회로 제 자신이 자유로워지면서 제 인생에서 가장 창의적인 시기들 중 하나로 접어들게 되었지요.

그 후 5년간 저는 '넥스트'라는 회사와 '픽사'라는 또 다른 회사를 차렸습니다. 그리고 나중에 제 아내가 될 대단한 여성을 만나 사랑에 빠졌습니다. 픽사는 발전을 거듭하여 세계 최초의 컴퓨터 애니메이션 영화인 '토이스토리'를 제작했고, 현재 전 세계에서 가장 성공한 애니메이션 스튜디오가 되었습니다. 놀라운 반전이 일어나 애플이 넥스트를 인수했고 저는 애플로 돌아왔습니다. 그리고 넥스트에서 개발했던 기술이 바로 오늘날 애플의 부흥을 이루어 낸 핵심입니다. 그리고 로렌스와 저는 멋진 가정을 꾸렸습니다.

저는 제가 애플에서 해고되지 않았더라면 이런 일들이 하나도 이루어지지 않았을 것이라 확신합니다. 비록 지독한 맛의 약이었지만 환자에게는 반드시 필요한 것이라고 생각합니다. 살다 보면 때로는 머리에 벽돌을 맞는 일도 일어납니다."

스티브 잡스는 자기가 창업한 회사에서 쫓겨났지만, 이런 위기를 낭비하지 않고 새로운 도약의 기회로 활용했다. 이 결과 그는 애플을 시가 총액이 세계에서 가장 높은 기업으로 만들 수 있었다.

2장

위기를
똑바로
본다

악마는 잠들지 않는다

미국의 위기관리 전문가인 줄리엣 카이엠Juliette Kayyem 교수는 그의 저서 『악마는 잠들지 않는다The Devil Never Sleeps』에서 큰 재앙을 불러오는 위기상황은 지금과 같은 불확실성 시대에는 언제든지 나타날 수 있다고 지적하고 있다.

— "악마는 다음에도, 그다음에도, 그리고 그 후에도 계속 올 것이다. 이 교훈은 우리 모두를 위한 것이다. …… 우리는 이제 안다. 우리 중 아무도 기후 재앙, 사이버 공격, 테러, 팬데믹, 총기 난사와 같이 광범위하게 간교를 부리는 악마에게서 벗
— 어날 수 없다는 것을 말이다."[5]

특히 우리는 위기가 나타날 가능성이 높고 그 충격이 엄청나지만 사람들이 이를 무시해서 생기는 '회색 코뿔소Gray Rhino'[6]의 위기에는 더욱 철저히 대비해야 한다. 몸무게가 2톤이 넘는 회색 코뿔소는 멀리서도 볼 수 있어 똑바로 보기만 하면 미리 대피할 수 있지만, 이를 무시하고 있다가 회색 코뿔소가 일단 돌진해 오면 이를 피하기가 어렵다고 한다.

'회색 코뿔소 위기'는 갑자기 나타나는 것이 아니라 많은 전조와 경고가 있다. 그러나 이를 계속 무시하면 큰 피해를 볼 수 있다.

기후 위기는 그 충격이 엄청나고 방치하면 인류의 생존을 위협할 수 있으므로 '회색 코뿔소 위기' 중의 하나라고 할 수 있다. 지금과 같은 기후변화의 추세가 지속된다면 지구는 살인적인 폭염, 치솟는 산불, 가뭄과 갈증, 마실 수 없는 공기, 질병의 전파 등으로 2050년경에는 인간이 거주하기에 부적합하게 된다는 경고도 있다.

코로나바이러스의 전 세계적 확산도 기후 위기로 인한 생태계 파괴의 결과 중의 하나라는 견해도 있다. 21세기에 들어와서 사스, 신종플루, 메르스, 에볼라, 자카, 코로나19 등 바이러스로 인한 감염병이 자주 나타나고 있으며, 그 주기도 빨라지고 있다. 기후 위기로 인한 이러한 재앙을 막기 위해서는 국제적인 협력이 필요하지만, 협력수준은 아직도 크게 미흡한 실정이다.

한편 여러 가지 위기들은 서로 상승작용을 일으킬 수도 있다. 둘 이상의 태풍이 동시에 몰려와 그 피해가 폭발적으로 증가하는 '퍼팩트 스톰Perfect Storm'이라는 최악의 위기 가능성도 우려되고 있다.

『대변동: 위기, 선택, 변화』의 저자인 재레드 다이아몬드Jared Diamond 교수는 대부분의 위기는 오랜 기간 축적된 점진적 변화의 결과이며, 위기는 오랫동안 쌓이고 쌓인 압력이 갑자기 폭발할 때 닥치므로 대부분의 위기는 미리 대비할 수 있다고 지적하고 있다.[7]

대형사고도 어느 순간 갑자기 발생하는 것이 아니라, 발생하기 전 일정기간 이와 관련된 여러 번의 경고성 징후와 전조들이 반드시 존재한다는 사실이 실증적으로 밝혀지고 있다. 하인리히Heinrich 법칙이 바로 그것인데, 하인리히 법칙은 대형사고 전에 나타나는 사소한 징후를 무시하면 대형사고로 번질 수 있다는 사실을 경고하고 있다. 2019년 4월 17일에 발생한 '진주 방화 및 흉기 살인사건'도 이를 경고하는 7번의 징후가 있었으나, 방치한 결과 끔찍한 대형사고로 번지게 되었다. 예고된 위기는 사전에 대비할 수 있기에 위기가 아니라고도 말한다. 특히 '회색코뿔소 형 위기'는, 그 징후를 똑바로 보고 철저히 대비한다면, 언제든 회피할 수 있다.

앞으로 많은 분야에서 불확실성은 더욱 커질 것이며, 언제 어디에서 위기라는 먹구름이 나타날지 모른다. 따라서 우리는 유비무환의 정신으로 위기불감증을 철저히 경계하고 위기에 대비해야 한다. 평안할 때도 위태로움을 생각하고 대비하라는 거안

사위 居安思危란 말이 있다. 평소에도 있을 수 있는 다양한 위기의 발생 가능성을 점검하고 대비해야 한다.

위기가 온다고 생각하면 불안해지고 밤에 잠도 제대로 잘 수 없다. 그렇다고 위기를 외면하면 안 된다. 서울대 정신건강의학과 윤대현 교수는 "불안이란 녀석은 나쁜 것인가. 꼭 그러진 않다…적정 수준의 불안은 위기관리 및 미래를 준비하게 하고 삶의 성취를 이루게 한다."[8]라며, 불안을 피하지 말고 최선의 위기관리를 하는 것이 필요하다고 지적하고 있다.

부하들은 이순신을
신神으로 여겼다

임금 선조는 임진왜란의 징조가 많았음에도 불구하고 위기불감증으로 위기를 똑바로 보지 않았다. 임진왜란 전에 통신사의 정사로 다녀 온 황윤길은 선조에게 일본의 침략에 대비해야 한다고 보고 했다. 그러나 통신사 부사로 일본에 다녀온 김성일은 "도요토미의 눈은 쥐와 같고 외모로 보나 언행으로 보나 하잘것 없는 위인이니 두려울 것이 없다."라고 상반된 보고를 했다. 이에 선조는 김성일의 보고를 신뢰하고 임진왜란에 제대로 대비하지 않았다. 위기관리의 첫 번째 단계는 위기의 존재와 가능성, 그리고 피해 정도를 똑바로 인식하는 것인데, 위기관리의 총책임자인 선조는 침략 가능성을 시사하는 황윤길의 보고를 도외시함으로써 위기관리의 기본조차도 지키지 못했다.

필자는 대규모 일본 침략군의 본거지인 나고야名護屋 성터와 진영 터, 그리고 나고야 성 박물관을 답사했다. 나고야 성은 총면적이 17만 제곱 미터에 이르는 매우 큰 성이며, 부산과의 거리도 가깝다. 이러한 곳에 대규모 성곽이 건설되고, 일본의 많은 병력과 전함들이 집결하고 있었는데도 불구하고 조선 조정은 이에 대한 정보를 전혀 수집하지 않았다.

필자는 사단법인 이순신리더십연구회 회원들과 함께 일본 침략군의 선봉대장인 고니시 유키나가小西行長와 그의 부하 1만8천여 명과 700여척의 적선들이 부산에 상륙하기 직전에 10여 일간 머물렀던 대마도의 포구인 오우라大浦를 답사한 적이 있다. 날씨가 좋으면 부산에서 육안으로도 볼 수 있는 거리에 있는 대마도에 많은 일본 침략군들이 집결해 있다는 사실조차도 조선 조정은 전혀 모르고 있었다.

1952년 4월 고니시 유키나가가 이끄는 대규모 일본 침략군이 부산에 기습 침공할 당시 부산진수군첨절제사 정발은 부산 절영도에서 사냥 중이었다. 정발은 일본군의 기습공격에 관한 정보가 전혀 없어 처음에는 일본 배들이 조공하러 온다고 생각했다고 한다. 정발이 수군 1,000여 명과 함께 죽음을 무릅쓰고 끝까지 싸웠지만, 안타깝게도 정발은 전사하고 부산성은 하루 만에 함락되고 말았다. 이러한 사실에서도 조선은 임진왜란이라는 국가존망의 위기 가능성을 똑바로 보지 못하고 이에 제대로 대비하지 않았음을 알 수 있다.

이에 반해 이순신은 임진왜란 발발 1년 2개월 전에 전라 좌수사로 임명되자마자 일본의 대규모 침략 가능성을 예상하고 이에 철저히 대비했다. 임진왜란이 터지자 이순신은 적에 대한 정보를 적극 수집하고 활용했다. 정보원과 정탐선을 파견해 적의 규모와 이동상황 등을 세밀히 파악하고, 이를 토대로 일본 수군의 선제공격에 철저히 대비했다. 이 결과 이순신은 적의 기습을 완벽하게 저지할 수 있었으며, 부하들은 이순신을 신神으로 생각하기에 이르렀다. 다음은 류성룡柳成龍의 『징비록懲毖錄』에 나오는 글이다.

─   "이순신은 진중에 있을 때 주야로 엄히 경계하여 한 번도 갑옷을 벗은 적이 없었다. 견내량을 경계로 하여 적의 수군과 대치하고 있을 때였다. 여러 배는 이미 닻을 내렸고 밤하늘의 달은 유난히도 밝았다. 이순신은 갑옷을 입은 채 북을 베고 누워 있다가 갑자기 일어나 앉은 후 …… 여러 장수들을 모두 앞에 불러놓고, '오늘 밤은 달이 몹시 밝다. 적은 간사한 꾀가 많으므로 달이 없을 때는 물론 달이 밝을 때도 역시 야습해올 것이다. 적에 대한 경계를 불가불 엄하게 해야겠다'고 말한 후 나팔을 불게 하여 모든 배의 닻을 올리도록 명령하였다. 또, 척후선에게 전령을 보냈더니 척후병이 곤히 잠들어 있으므로 깨워 일으켜서 비상 경계를 하게 하였다. 한참 후

에 척후병이 달려와서 적이 쳐들어오고 있다고 보고하였다. …… 많은 적선들이 어두운 산 그림자 속을 거쳐 들어왔으며 곧 우리 배에 접근하였다. 적은 우리 배들이 미리 방비책을 갖추고 있는 것을 알자 …… 우리를 범하지 못하고 도망쳤다. —— 여러 장수들은 이순신을 신으로 여겼다. "

부하들은 이순신이 '신이 아니고서는 적이 언제, 어디로 기습할 것을 알 수 있었겠는가.'라고 생각하여 이순신을 신이라고 여긴 것 같다. 그렇다면 신이 아닌 이순신은 적이 언제, 어디로 쳐들어올 것을 어떻게 미리 알 수 있었을까?

이순신의 부하들은 달이 매우 밝았기 때문에 적의 야습이 없을 것이라고 방심하고 있었다. 그러나 이순신은 밤이 깊어 피곤하여 누워 있으면서도 갑옷을 벗지 않을 정도로 긴장의 끈을 늦추지 않고, 적의 기습 가능성에 치밀하게 대비한 것으로 보인다. 달빛이 밝다고 하여도 산 그림자 때문에 바다가 어두워진 곳이 있으며, 이곳으로 적이 기습할 가능성이 크다고 판단한 이순신은 이에 대비한 긴급 조치를 취한 것이다.

이순신은 우리 수군본부가 있는 한산도에서 건너편 통영, 멀리 거제도와 그 앞의 견내량, 그리고 한산 앞바다를 한눈에 내다볼 수 있는 언덕 위에 수루를 만들고 적을 감시하며, 다음과 같은 시도 남겼다.

— 한산섬 달 밝은 밤에 수루에 혼자 앉아
    큰 칼 옆에 차고 깊은 시름 할 적에
— 어디서 들려오는 일성호가는 남의 애를 끊나니

적과의 팽팽한 대치, 언제 끝날지 모르는 전쟁, 언제 치를지 모를 전투 속에서 부하들은 지쳐가고 백성들의 삶은 갈수록 고단해지는데 저 바다로 적이 언제 쳐들어올지 모르니, 이 수루에 오를 때마다 이순신은 수심이 깊었으리라. 적에 대한 분노와 백성에 대한 연민, 그리고 언제나 죽음을 옆에 두어야 했던 자신의 운명에 대한 상념을 이 수루에 올라 삭히면서, 밤에 잠도 자지 못하고 혼자서 적을 감시했을 것이다. 이와 같이 이순신은 아무리 힘들어도 적의 기습 가능성을 똑바로 보고 철저히 대비했기 때문에 적의 기습작전들이 한 번도 성공하지 못했다.

지금과 같은 위기 시대에서 우리는 살아남고 승리하기 위해서는 이순신의 빈틈없는 위기대비 태세를 본받아야 한다.

"초긴장 상태로 경계하는 자만이 승리한다"

– 인텔 전 회장 앤드류 그로브

앤드류 그로브는 헝거리에서 태어난 유대인으로 그의 가족은 나치 독일이 자행한 유대인 대학살인 홀로코스트에서 간신히 살아남았다. 그는 1956년 헝가리 혁명 때 홀로 미국으로 망명하여 화학공학 박사가 되었으며, 1987년부터 1998년까지 인텔의 최고경영자로 재직하였다. 그는 인텔을 세계 최대의 반도체 제조업체로 성장시키는데 커다란 공헌을 했으며, 그가 최고경영자로 재직하는 11년 동안 인텔의 시가 총액은 40억 달러에서 1,970억 달러로 크게 증가했다. 그는 자신의 저서『편집광만이 살아남는다』에서 "초긴장 상태로 경계하는 자만이 경쟁에 이긴다."라는 소신을 밝히고 있다.

— "나는 자주 '정신착란증에 걸린 자처럼, 초긴장 상태로 항상
경계하는 자만이 경쟁에 이긴다'는 모토motto를 믿곤 한다.
…… 성공한 사업은 으레 멸망의 씨앗을 내포하고 있다. 여러
분의 사업이 번성할수록 더 많은 사람들이 그 분야로 뛰어들
게 되고 그런 사람들이 늘어나다 보면, 결국엔 당신이 차지할
수 있는 몫은 전혀 남아나질 않게 마련인 것이다. 이런 점에서
볼 때 경영자의 가장 중요한 임무는 항상 다른 기업들의 공
격을 견제하면서, 부하들에게도 그러한 견제의식을 심어 주
— 는 일이다."

앤드류 그로브는 자신의 경험을 토대로 기업의 사업 방식에 근
본적인 변화가 필요한 전략적 변곡점strategic inflection point에 잘 대
처하면 새로운 성장의 기회를 갖게 되지만, "전략적 변곡점에 주
의를 기울이지 않으면 그 변화의 여파로 기울기 시작한 기업을
다시 복구하기가 거의 불가능할 정도로 치명적일 수 있다."라고
지적한 바 있다. 그는 직장인들에게도 다음과 같은 충고를 했다.

— "만일 당신이 사원이라면 머잖아 전략적 변곡점의 영향을 받
게 될 것이다. 변화의 홍수가 당신이 일하던 영역과 기업을 휩
쓸고 지나간 뒤에 무엇이 남을지 누가 알 수 있겠는가? 당신
의 직종이 계속 존재하기나 할 것인지, 솔직히 당신 말고는
— 누가 신경이나 쓰겠는가?

─ 안된 얘기지만, 아무도 당신에게 직장을 보장해 주지 않는다.
  당신의 직장은 말 그대로 당신이 알아서 할 일이며, 당신은
  그 임무의 유일한 지휘자인 동시에 유일한 고용인인 것이다.
  당신과 비슷한 처지에 놓여 있는, 전 세계 수백만 명이 당신
  의 경쟁자다. 당신은 스스로 자신의 직업, 기술, 그리고 시기
  적절한 선택 등을 책임질 수 있어야 한다. 변화하는 환경 속
  에서 실패하지 않고 성장할 수 있도록 자신을 경영하는 일은
─ 아무도 대신할 수 없는 자기 자신의 몫이다."9

앤드류 그로브는 스스로도 항상 패배의 두려움을 갖고 경계심
을 놓지 않았다고 한다. 그는 너무 피곤하고 일이 지겨워서 "이
젠 됐어, 하늘은 무너지지 않아."라고 고함치고 일을 그만두고
싶을 때일지라도 위기의 징후를 똑바로 보고 이에 대처하기 위
해, 불만에 가득 찬 고객의 편지와 전자우편, 직원들의 불만족에
대한 루머, 경쟁자들의 동향에 대한 신문기사 등 위기의 가능성
을 드러내는 여러 징후를 똑바로 보기 위해 항상 두려운 마음으
로 경계심을 놓지 않고 이를 추적했다고 한다.
  지금과 같은 상시 위기의 시대에는 그로브와 같이 위기의 가능
성을 똑바로 보고 이에 미리 대처해야만 치열한 글로벌 경쟁에
서 살아남고 승리할 수 있을 것이다.

✕ 3장 ✕

한 번도
패배하지
않는다

'이겨 놓고 싸운'
이순신

일본 수군은 이순신에게 패배해도 본거지인 일본에서 병력, 무기, 전선, 군량미 등을 계속 지원받을 수 있었다. 이에 반해 이순신은 이러한 지원을 임금이나 조정에서 받을 수 없었으므로 한 번의 패배에도 돌이킬 수 없는 위기에 빠질 수 있었다. 이러한 상황에서 이순신은 한 번도 지지 않으면서도, 우리의 피해는 최대한 줄여야만 했다. 이를 위해 이순신은 선승구전先勝求戰, 즉 '이겨 놓고 싸운다'는 전략으로 전투에 임했다. 이 결과 이순신은 수많은 전투에서 한 번도 패배하지 않고 승리할 수 있었다.

『손자병법』의 「계편計篇」에서 "싸우기 전에 전략을 세워서 승리를 거두는 것은 전략이 훌륭했기 때문이다……."라고 말하고 있으며 형편形篇에서 "따라서 승리하는 군대는 먼저 이기도록 해 놓고서 뒤에 싸우려 든다. 패배하는 군대는 먼저 싸움을 걸어 놓고 후에 이기려 든다是故勝兵, 先勝而後求戰, 敗兵,先戰而後求勝."라고 말하고 있다. 이순신이 7년의 전쟁에서 한 번도 패하지 않고 전승을 거둘 수 있었던 것은 선승구전의 원칙에 충실하였기 때문임을 알 수 있다.

이순신의 함대가 한 번 출동해서 싸웠던 모든 전투 각각을 1회의 해전으로 산정하는 세부해전 기준으로 하면 이순신은 45전 40승 5무승부의 전적을 달성한 것으로 평가된다.[10] 이순신은 45회의 해전 중에 한 번도 패배하지 않고 무려 40회의 해전에서 승리한 것이다. 이러한 이순신의 경이로운 전적은 세계적으로도 비슷한 사례를 발견하기 어렵다.

또 하나 놀라운 사실은 이순신이 40회의 해전에서 승리하는 동안 우리 측의 피해는 거의 없었다는 점이다. 이순신은 처음 3회의 해전인 옥포해전, 합포해전, 적진포해전에서 모두 44척의 일본 전선을 격침시켰지만 우리 측의 피해는 부상자 1명뿐이었다. 1차, 2차, 3차, 4차, 6차, 7차의 웅포해전, 제2차 견내량해전, 4회의 제2차 당항포해전, 영등포해전, 제2차 장문포해전, 어란포해전, 벽파진해전 등에서 모두 승리했지만, 전선이나 병력 면에서 우리 측 피해는 거의 없었다. 이는 이순신이 '이길 수 있는 조건'을 만들어 놓고 기습작전 등을 성공적으로 수행했기 때문이다.

이순신이 적의 주력 수군을 격파함으로써 제해권을 확보한 한산도해전과 안골포해전의 경우도 마찬가지다. 이순신은 한산도해전에서 적선 73척 중 59척, 안골포해전에서 적선 42척 중 20여 척을 격침시켰지만, 우리 측은 한 척의 전선도 잃지 않았다.

한산도해전에서 참패한 적장 와키자카 야스하루脇坂安治는 구사일생으로 도주했으나, 한산도에 상륙하여 도주한 400명과 탈출한 14척에 있던 일본 수군을 제외하고도 3천여 명 이상의 일본 수군이 전사한 것으로 추정된다.[11] 안골포해전의 경우도 이순신의 『임진장초』에 따르면 사살된 일본 수군의 수가 부지기수라는 기록이 있는 것을 미루어 보면 일본수군의 전사자 수가 많았던 것으로 추정할 수 있다. 이에 반해 한산도해전과 안골포해전에서의 우리 측 피해는 전사자 19명, 부상자 115명에 그쳤다.

이순신이 한 번도 패배하지 않았음은 물론 우리의 피해를 최소화하면서 승리할 수 있었던 이유는 이순신이 '이길 수 있는 조건'을 만들고 전투에 임했기 때문이다. 적을 이기기 위해 이순신은 주어진 환경을 최대한 활용하고, 우리의 강점으로 상대방의 약점을 집중 공략했다.

이순신은 우리 수군의 강점을 최대한 활용하기 위해 함선에 화포를 장착했다. 당시 우리 수군은 판옥선을 주력 전선으로 갖고 있었다. 소나무로 견고하게 만든 판옥선은 일본 전선보다 훨씬 튼튼한 배였다. 판옥선은 견고했기에 화포를 배 위에서 쏠 수 있음은 물론 천자총통을 비롯해 지자총통, 현자총통 등 화포를 주력 무기로 탑재할 수 있었다. 반면 일본 수군은 조총을 갖고 있었으며, 칼싸움에도 능했다. 일단 배 위에서 싸우면 일본 수군이 훨씬 유리했으며, 조선 수군은 일본 수군의 근접전 상대가 되지 못하였다. 그러나 일본 전선은 우리 전선만큼 견고하지 못해 배 위에서 화포를 쏘기에는 불리했다. 이를 간파한 이순신은 원거리에서 일본 전선을 화포로 집중 포격하는 전략을 택했다.

이순신은 임진왜란 발발 1년 2개월 전에 전라 좌수사로 부임하자마자 관할 지역의 지형과 조류를 조사했다. 또 전투 시 긴요하게 이용할 수 있는 요충지를 파악했다. 이 결과 물리적 환경을 최대한 활용해 연전연승의 조건을 만들 수 있었다. 한산도해전에서도 이순신은 지형, 조류 등 지리적 여건을 최대한 활용하기 위해 견내량에 있던 일본 수군을 한산도 앞바다로 유인했다. 그런 다음 우리 수군의 강점인 화포를 효율적으로 활용하기 위해 육전에서 쓰이던 학익진을 해전에서 최초로 활용해서 압도적인 승리를 이끌어 냈다.

이순신은 적에 대한 정보도 적극 수집하고 활용했다. 탐망군과 탐망선을 파견해 적의 규모와 이동 상황 등을 세밀히 파악했다. 이렇게 수집한 정보를 토대로 일본 수군을 선제공격해 기선을 제압하고 적이 공격해 올 틈을 봉쇄했다. 그는 전투 시 적의 전함을 격침시키고 즉시 빠져나오는 기민성도 발휘했다.

이와 더불어 이순신은 '이겨 놓고 싸운다'는 전략에 따라 정신적인 측면에서도 '이길 수 있는 조건'을 만들었다. 이순신은 죽음을 무릅쓰고 싸우는 용기와 솔선수범을 보여 주었고 해이해진

군기 또한 바로 잡았다.

임진왜란 전 조선은 200년간 이어진 평화로 군기가 해이해졌고 적당주의가 판을 쳤다. 평화에 익숙해지다 보니 고된 훈련에 불평도 많았다. 그러나 이순신은 스스로 모범을 보여 군기를 확립하고 고된 훈련을 이끌어나갔다. 학익진법을 활용하기 위한 노 젓기와 함대의 진법 훈련, 그리고 방향 전환 훈련도 예외가 아니었다. 그 결과 이순신은 20세기 초 영국의 저명한 해군 전략가 발라드G. A. Ballard 제독이 극찬할 정도로 한산도해전에서 완벽한 학익진 전법을 구사할 수 있었다.

이순신은 패배할 수밖에 없는 무모한 공격은 하지 않았다. 임금인 선조가 잘못된 정보와 판단에 따라 적의 소굴로 쳐들어 가라고 명령했지만, 이렇게 무모하게 공격하면 패배할 수밖에 없다고 판단한 이순신은 임금의 명령이라고 해도 이를 따르지 않았다.

『손자병법』의 「모공편謀攻篇」에도 다음과 같은 사람이 전쟁에서 승리한다고 쓰여 있다.

— "싸워야 할 경우와 싸워서는 안 될 경우를 아는 사람은 승리한다. …… 완전한 준비를 갖추고 적이 경계를 태만히 할 때를 기다리는 사람은 승리한다 …… 따라서 나를 알고 적을 아— 는 사람은 백 번을 싸워도 위태롭지 않다."

전쟁에서 승리하기 위해서는 우리 편은 물론 상대방 군대의 규모와 사기, 무기 및 장비의 규모와 성능, 상대방의 전략 등 승패를 좌우하는 모든 요소들을 비교 분석해서 전투 시기와 방법을 결정해야 한다. 멀리 떨어져 있는 임금이 최전선의 상황을 현지에 있는 뛰어난 장수인 이순신보다 더 잘 파악할 수는 없다. 따라서 임금이 이순신에게 위와 같은 밀지를 보낸 것은 잘못된 명령이었다. 『손자병법』에도 장수가 유능하고 군주가 간섭하지 않으면 전쟁에서 승리한다고 쓰여 있다. 이순신은 임금의 지시를 따르지 않은 데 따른 개인적인 불이익과 희생을 각오하고, 무모한 공격에 따른 참패의 위험을 방지하려고 한 것이다.

참고사례

"사업은 완전무결하게 해야 한다"

– 삼성 창업자 이병철

지금과 같은 치열한 글로벌 경쟁시대에 개인이나 기업도 한 번 패배하면 재기 불능의 위험에 빠져들 수 있다. 이러한 위험을 피하기 위해 사업을 할 때도 이순신처럼 선승구전 즉 '이겨 놓고 싸운다'는 자세로 위기관리를 철저히 해야 한다.

이순신은 빈틈없는 위기관리로 수많은 전투에서 한 번도 패배하지 않고 승리해서 국가존망의 위기에서 나라를 구한 역사에 길이 남을 업적을 이룩했다. 이와 마찬가지로 이병철도 삼성물산, 제일제당, 제일모직, 삼성전자, 삼성중공업, 삼성전기, 삼성생명, 신라호텔 등 많은 기업을 설립해 치밀한 사업성 검토와 위기관리로 한 번도 실패하지 않고 모두 성공시켜, 삼성그룹을 일구어 냈다. 그는 "사업은 완전무결하게 해야 한다"는 어록을 남겼으며, 그 자신 사업의 세세한 부분까지 직접 챙기면서 사업의 실패 가능성을 줄이려고 했다.

—   "이병철은 삼성본관 건물 신축 시 대리석 타일의 색상에서부터 기둥과 기둥 간의 간격 등에 이르기까지 무려 150가지 항목의 지침을 내렸다. 신라호텔을 지을 때도 우동집 주방장을 자신의 일본 단골 우동집에 보내 기술을 배워오게 하였다 …… 제일모직에서 와이셔츠를 생산할 때엔 스스로 전 세계 명품 와이셔츠 150종을 매일 한 가지씩 입어 보고 그중에서
—   가장 적합한 것을 내려보내 생산토록 하였다."[12]

이병철은 반도체 사업을 하기 전에도 사업성 검토를 철저히 했다. 그는 국내의 반도체 전문가는 물론 미국과 일본의 전문가 의견을 열심히 듣고, 이를 기록했다. 또 반도체에 관한 최고의 자료를 수집하여 이를 참고했다. 어느 정도 기본 구상이 다듬어진 후에는 반도체/컴퓨터 팀을 조직해, 이미 개발된 제품들의 성능, 원가, 가격, 시장동향 등을 조사하고, 이를 근거로 장기와 단기계획을 수립했다.

그는 이러한 과정을 거쳐 작성된 사업계획서에 따라 설계, 생산공정, 기계장비, 기술인력, 자금, 판매, 부지, 용수, 전력, 건설 등의 과제와 그 책임자를 선정하고, 매일 각 과제별 진행상황을

하나하나 점검한 후 공장을 건설했다. 이 결과 반도체 제1라인의 건설공사는 6개월 만에 성공적으로 마무리할 수 있었다. 그는 다음과 같이 회고한 바 있다.

—   "선진국의 관례로는 18개월 이상이 걸린다고 하는데, 그 3분의 1로 단축되었던 것이다. 건설공정과 시운전의 현장을 지켜본 미국의 인텔/IBM, 일본의 유수 메이커의 관계자나 전문가들도 경탄을 감추지 못했다. 불철주야 작업 스케줄에 한치의 어긋남이 없이 열성을 다했던 작업인원은 연 20만 명에

—   이르렀다."[13]

이와 같은 이병철의 치밀한 사업 타당성 검토와 빈틈없는 위기관리와 업무 추진으로 삼성전자는 반도체에서 세계적 경쟁력을 확보한 기업이 될 수 있었다.

참고사례

"절대로 돈을 잃지 않는다"

– 주식 투자의 귀재 워런 버핏

주식 투자에서도 이순신처럼 '이겨 놓고 싸운다'는 자세로 하면 큰 부자가 될 수 있다. 이러한 면에서 주식 투자의 귀재 워런 버핏을 벤치마킹할 필요가 있다.

미국 버크셔 해서웨이의 회장인 워런 버핏Warren E. Buffett은 11세에 주식 투자를 시작해서 26세에 투자 조합을 결성하고 세계적 부자가 된, 주식 투자의 귀재라고 할 수 있다. 버핏은 "지난 56년간 버크셔 해서웨이를 이끌며 수많은 경제 위기를 이겨내고 281만526%의 투자 수익을 올렸다. 월스트리트 평균2만3,454%보다 훨씬 높았다. 어떻게 했을까? 그는 공격보다 위기 때 수비를 더 잘했다."[14]고 평가받고 있다. 그는 한 번의 투자로 큰돈을 벌기보다는, 한 번의 투자실패도 일어나지 않도록 리스크 관리를 철저히 하려고 한 것이다.

그가 가장 강조하는 투자 원칙은 다음과 같다.[15]

— 첫 번째 원칙: 절대로 돈을 잃지 마라.
— 두 번째 원칙: 첫 번째 원칙을 절대로 잊지 마라.

그는 이러한 원칙을 지키기 위해 내재가치intrinsic value에 비해 주가가 크게 떨어진 주식을 매입해 장기간 보유하는 가치투자value investing를 고수했다. 그에 따르면 주식 투자는 회사가 발행한 주식의 일부분을 매입하는 것이므로, 회사의 가치를 알면 주식의 내재 가치를 평가할 수 있다고 한다.

그는 1988년에 내재 가치에 비해 훨씬 싼 가격에 거래되던 코카콜라 주식의 약 7%를 10억 2000만 달러에 매입했다. 그는 30년이 넘는 지금까지도 코카콜라 주식을 보유하고 있으며, 그 결과 그는 큰 이익을 거두었다. 그는 10년 이상 투자할 주식이 아니라면 10분도 보유하지 말라며, 내재 가치에 비해 주가가 크게 떨어진 주식을 엄선해 장기간 보유할 목적으로 매입해야 큰 이익을 거둘 수 있다고 강조하고 있다.

버핏은 자신이 잘 분석할 수 있는 기업의 주가가 내재가치보다 현저하게 낮아졌다고 판단될 때까지 끈기 있게 기다렸다가 집중투자하는 전략을 구사한다. 그는 자기가 매입할 주식의 주가가 앞으로 더 떨어진다고 해도 손해를 보지 않을 만큼 충분한 안전마진margin of safety을 확보할 수 있는 아주 낮은 가격에 주식을 매입함으로써 손실의 위험을 최대한 줄이려고 한다.

버핏은 불확실성이 큰 기술주가 폭등할 때 큰돈을 벌지 못했지만 기술주의 거품이 꺼질 때 큰 손해도 보지 않았다. 그는 "절대로 돈을 잃지 마라"라는 원칙에 따라 단기간에 큰돈을 벌려고 하기보다는 손해를 보지 않도록 노력했다. 그는 적더라도 꾸준히 이익을 실현하고, 복리의 마력을 이용하기 위해 가치주를 장기간 보유해 세계적 부자가 됐다.

버핏은 복리의 마력에 대해 다음과 같이 말한 바 있다.

— "10%의 이율로 45년 동안 1,000달러를 투자하면 7만 2,800달러가 된다. 이율이 20%라면 그 1,000달러는 365만 7,262달러가 된다. 생각건대 이러한 차이는 호기심을 유발하며 나를 엄청나게 놀라게 한다."[16]

버핏은 1965년부터 자신이 보유한 지분에 대해 22%의 연평균 수익율을 기록했다. 이것이 바로 버핏이 엄청난 실적을 확보할 수 있었던 방식이다. 그는 복리의 마력을 잘 활용한 투자가라고 할 수 있다.

대부분의 사람들은 탐욕과 욕망, 군중심리에 따라 주식을 자주 샀다 팔았다 한다. 이 결과 운이 좋으면 돈을 버는 경우도 있지만, 장기적으로 보면 큰돈을 버는 일은 거의 없으며 손해 보는 경우가 많다. 이에 반해 버핏은 '돈을 절대 잃지 않는다'는 원칙에 따라 주식 투자에 따른 리스크를 철저하게 관리했다. 그는 "이길 수 있는 조건을 만든다"라는 자세로 내재가치에 비해 현저하게 싼 주식을 매입해 장기간 보유하는 가치 투자를 통해 세계적인 부자가 될 수 있었다. 버핏은 세계에서 손꼽히는 부자이지만 햄버거와 콜라를 즐기며, 50년 이상 허름한 집에서 살고 있다. 연봉도 아주 적게 받으며 헌신적으로 회사업무에 몰두하고 있다.

x 4장 x

불굴의
도전정신과
냉철한
위험감수

"아직도 12척의 전선이 있다 今臣戰船尚有十二"

옥포해전을 시작으로 당항포해전, 한산도해전, 안골포해전, 부산해전 등 모든 해전에서 이순신에게 연전연패한 일본은 전선이 부족해 군수물자를 본국에서 조달하기가 어려워지고, 수륙병진책도 추진할 수 없게 되었다. 또 의병의 봉기와 명나라의 참전으로 육지에서의 전투도 일진일퇴를 거듭하자, 일본은 적극적으로 싸울 의지가 없던 명나라와 지루한 강화협상을 벌였다.

이에 따라 전쟁이 소강상태에 빠지자 임금 선조는 일부 사람들의 모함과 일본 간첩 요시라의 간계에 넘어가 1597년 2월 26일, 이순신을 함거에 가두어 한성으로 압송했다. 이 시기 침략의 원흉 도요토미 히데요시는 강화협상에 만족하지 못하고 다시 조선을 침략했으나, 임금인 선조는 어이없게도 백전백승한 장수인 이순신을 감옥에 가두어 버린 것이다.

한 달여 후인 4월 1일 가까스로 석방된 이순신은 도원수 권율의 휘하에서 백의종군하라는 명을 받고, 직위도 없이 싸움터에 나가야 했다. 이순신이 백의종군한 지 약 3개월 후인 7월 18일, 이순신은 통한의 소식을 들어야 했다. 원균이 이끄는 조선 수군이 칠천량해전에서 전멸하다시피 패배했다는 비보였다. 이순신은 그때의 심정을 "통곡함을 참지 못했다."라고 『난중일기』에서 탄식했다. 도원수 권율이 백의종군 중인 이순신에게 대비책을 마련해 줄 것을 요청하자 이순신은 군관 9명과 함께 직접 현장 점검에 나서게 되었다.

한편 수군의 괴멸에 놀란 임금 선조는 8월 3일 이순신을 다시 삼도수군통제사로 임명한다는 장문의 교지를 이순신에게 보냈는데, 일부만 소개하면 다음과 같다.

— "짐은 이와 같이 이르노라. 어허, 나라가 의지해 보장을 삼는 것은 오직 수군뿐인데, 하늘이 아직도 화를 거두지 않아……. 3도 수군이 한 번 싸움에 모두 없어지니 근해의 성읍을 누가 지키며, 한산진을 이미 잃었으니 적이 무엇을 꺼릴 것이랴. 생각하건대, 그대는 일찍이 수사 책임을 맡던 그날 이름이 났고, 임진년 승첩이 있은 뒤부터 업적을 크게 떨쳐 변방군사들이 만리장성처럼 든든히 믿었는데, 지난번 그대의 직함을 갈

고 그대로 하여금 백의종군하도록 했던 것은, 역시 사람의 모책이 어질지 못함에서 생긴 일이었거니와, 오늘 이와 같이 패전의 욕됨을 당하게 되니, 무슨 할 말이 있으리오, 무슨 할 말이 있으리오. 이제, 특별히 그대를 상복 입은 그대로 기용하는 것이며, 또 그대를 백의白衣에서 뽑아내어 다시 옛날같이 전라 좌수사 겸 충청·전라·경상 삼도수군통제사로 임명하노니……."

그 당시 우리 수군은 이미 전멸된 상태였으므로 임금은 이순신을 군사, 전선, 무기, 군량도 없는 해군 사령관에 임명한 셈이다. 이와 같은 최악의 위기상황에서 이순신은 다시 삼도수군통제사를 떠맡게 되었다.

이순신은 백성이나 부하를 부림의 대상이 아니라 섬김의 대상으로 본 진정한 서번트 리더servant leader였다. 『서번트 리더의 조건』의 저자 알렉산더 버라디Alexander J. Berardi는 서번트 리더의 특징을 다음과 같이 지적한 바 있다.

"역사상 가장 위대한 리더들은 섬기는 것이 자신의 역할이라고 생각하는 사람들이었으며, 그들은 그런 섬김의 필연적인 결과로 리더의 지위를 떠맡았다. 간디, 테레사 수녀, 알베르트 슈바이처 등과 같이 묵묵히 자신의 역할을 행한 사람들이 역사에 이름을 남긴다. 그들은 보이지 않는 곳에서 즐거운 마

음으로 봉사하다가, 직접 나서서 사람들을 지도하지 않으면
—— 안 될 때 비로소 모습을 드러낸다."[17]

　이순신이 억울한 누명을 쓰고 백의종군하던 중에 우리 수군이
전멸 당하자 『서번트 리더의 조건』에서 지적한 바와 같이 이순
신은 '백성을 섬겨 나라를 구하는 것이 자신의 역할'이라고 생각
하고 죽음을 무릅쓰고 아무도 맡기 싫어하는 삼도수군통제사가
되었다.
　왜 이순신은 최악의 조건하에서 삼도수군통제사를 떠맡아 죽
음을 무릅쓰고 수군 재건에 매진하였을까? 후회한다는 임금의
교지에 감읍하였거나, 임금에 대한 맹목적인 충성심 때문은 아
니었을 것이다. 왜적의 침략으로 이루 말할 수 없는 고통을 당하
고 있는 백성들의 참상을 보고, 이순신은 자신의 목숨이라도 바
쳐서 백성들을 구하겠다는 희생정신으로 앞장선 것이다. 이러한
점에서 이순신은 서번트 리더의 표상이라고 할 수 있다.
　이순신은 수군을 밑바닥에서부터 다시 조직하지 않으면 안 되
었다. 그는 일본군의 추격을 피해 피난민들 사이를 다니면서 군
사를 모았다. 이순신이 나타나자 도망갔던 군사들이 모여들기
시작했다. 그러나 군사의 수뿐만 아니라 무기도 형편없었다. 군
량도 모아야 했고, 피난민을 위로하고 민심을 수습하는 일까지
도맡아야 했다. 수군 재건의 길은 그야말로 고난의 연속이었다.
　이순신은 주로 민가에 머물렀다. 가끔은 빈집에서 자기도 하고

지방 수령이 도망가 버린 빈 관사에서 잠을 청하기도 했다. 빈손의 수군 재건은 매우 위험한 일이었다. 이순신이 다녔던 길은 왜적이 진군했던 바로 그 길이었다. 적의 보급병이나 정찰병과 언제든지 조우할 수 있는 곳이었다. 그런데도 이순신은 그 현장을 찾아다녔다. 오로지 민심을 수습하고 수군을 재건하려는 일념에서였다.

이순신은 천신만고 끝에 패잔병과 12척의 전선을 수습하여 수백 척이 넘는 일본 전선의 진격을 저지하려고 했으나, 패배를 두려워한 부하들이 겁에 질려 도망가려고 했다. 심지어 임금까지도 패배할 수밖에 없는 전투이므로 포기하라고 지시하자, 이순신은 임금에게 다음과 같은 글을 올렸다.

— "임진왜란이 터진 이래 5, 6년간 적이 감히 호남과 충청에 쳐들어오지 못한 이유는 우리 수군이 적의 수군을 막았기 때문입니다. 지금 신에게는 아직도 12척의 전선이 있으므로 죽을 힘을 다하여 싸우면 적 수군의 진격을 막을 수 있습니다. 만일 지금 수군을 없앤다면 적이 바라는 대로 하는 것이며, 적은 호남과 충청의 연해안을 돌아 한강으로 올 것입니다. 신은 이것을 두려워하지 않을 수 없습니다. 전선의 수가 적고 미미한 신하에 불과하지만 신이 죽지 않는 한 적이 감히 우리 — 를 얕보지는 못할 것입니다."

이순신은 임금의 명령을 따르기만 하면 목숨을 잃을지도 모르는 불리한 전쟁을 기피할 수 있었다. 그러나 이순신은 "아직도 12척의 전선이 있으므로 죽을 힘을 다해 싸우면 적 수군의 진격을 막을 수 있습니다."라며, 오히려 임금을 설득하고 앞장서서 싸웠다. 서번트 리더십을 처음 주창한 그린리프Robert K. Greenleaf가 "서번트 리더는 불굴의 의지로 위험을 껴안는 사람이다."라고 지적한 바와 같이 이순신은 서번트 리더로서 죽음도 무릅쓴 불굴의 도전정신을 보여 주고 있다.

이러한 도전정신은 위기를 극복하기 위해서 꼭 필요하지만, 우리는 없는 것만 탓하는 경우가 많다. 돈이 없어서, 사람이 없어서, 기술이 없어서, 그리고 배경이 없어서 할 일을 못 한다고 한다. 그러나 지금과 같은 불확실성과 위기의 시대에 성공하려면, 어떠한 역경에 처하게 되더라도 좌절하거나 굴복하지 않고 최선을 다해 이를 극복하려는 도전정신과 이를 실현할 수 있는 능력을 갖추어야 한다.

—　　"역경이야말로 사람을 더욱더 강하게 튀어 오르게 하는 스프링보드와 같은 역할을 한다. 한 마리의 개구리도 앞으로 뛰려면 반드시 뒤로 움츠려야만 하는 법이다. 만약 모든 일이 술술 풀려 인생에 그 어떤 시련도 없었더라면 가장 위대한 대통령으로 칭송 받는 링컨도 보잘 것 없는 시골 변호사로 생을 마감했을 것이고,…이순신 장군은 말단 장군으로 전전하다

폴 스톨츠Paul G. Stoltz는 역경을 극복하는 능력을 지수화하였다. 역경지수AQ: Adversity Quotient가 그것인데, 역경지수가 높은 사람일수록 도전정신과 위험을 감수하려는 용기가 많음을 나타낸다. 더 나아가 그는 역경지수인 AQ가 지능지수인 IQ보다 더 중요한 시대가 될 것이라고 예측하였다. 실제로 구성원들의 역경지수가 높은 조직일수록 생산성, 혁신추진 등 조직의 성과가 높은 것으로 나타나고 있다. 특히 리더는 앞장서서 역경을 극복해야 하므로, 리더의 평가에서 AQ의 비중이 커지고 있다.

　앞으로 모든 분야에서 불확실성과 위기가 증대될 것이므로 역경을 극복할 수 있는 능력을 강화해야 한다. 이를 위해서는 역경을 극복하고, 더 나아가 이를 발판 삼아 도약할 수 있는 내면의 힘 또는 마음의 근력이라고 할 수 있는 회복탄력성resilience을 강화해야 한다. 이를 위해서는 역경에 처했을 때 이순신같이 자신보다도 더 어려운 처지에 있는 남을 돕는 일에 나서는 봉사정신을 가져야 한다.

—　　　"경쟁 사회 속에서는 남의 유익보다 나의 이익을 먼저 챙기기
　　　　쉽다. 오직 나, 나, 나만을 외치며 나에게만 매몰되면 오히려
　　　　단절과 외로움이 커진다. 역설적이게도 나에게 몰입할수록
　　　　상처받기 쉽고 예민해진다. 회복탄력성의 원천이 고갈되기

때문이다. …… 남을 도우면서 살면 인간은 누구나 주고받는
존재라는 진실 위에 두 발을 딛게 된다."[19]

티베트의 정신적 지도자인 달라이 라마가 "나에 관한 생각에
골몰하면 불행이 깊어진다. 타인을 생각하는 것이 행복의 비결
이다"라고 설파했듯이 남을 배려하고 돕는다면 역경을 극복할
수 있는 회복탄력성도 강화되고, 보람과 행복감도 커질 수 있을
것이다.

도전정신의 상징

– 차고에서 태어난 세계적 기업들

이순신이 보여 준 도전정신은 기업가 정신의 진수眞髓라고도 할 수 있다. 기업가란 없던 기업을 새로 만들어 경영하는 사람이므로 '무에서 유를 창출하는' 고통을 피할 수 없다. 따라서 새로 만든 기업이 아무리 자금 등이 부족하고, 곤경과 역경에 직면하더라도 이를 극복할 용기와 도전정신이 있어야 창업에 성공할 수 있다.

'무에서 유를 창출한다'는 도전정신이야말로 기업가 정신의 핵심이며 경쟁력의 원천이다. 하버드대학을 중퇴하고 마이크로소프트를 창업한 빌 게이츠는 마이크로소프트의 전성기인 1998년에 가장 두려운 경쟁자는 차고에서 무언가를 개발하고 있는 젊은 사람들이라고 말한 바 있다. 실제로 이 시기에 래리 페이지와 세르게이 브린은 남의 집 차고에서 구글 검색 엔진을 개발하고 있었으며, 나중에 구글은 마이크로소프트의 강력한 경쟁자가 되었다. 이와 같이 좁고 허름한 차고에서 세상을 바꾼 세계적 기업들이 탄생했다.

스티브 잡스Steve Jobs와 스티브 워즈니악Steve Wozniak은 1976년 캘리포니아 쿠퍼티노에 있는 잡스의 양부모 집 허름한 차고에서 애플의 전신인 '애플 컴퓨터'를 창업하고, 차고에서 최초로 개인용 컴퓨터를 직접 만들고 판매하였다. 이후 애플은 조립형 컴퓨터 '애플I'을 출시한 후, 그다음에 개발한 '애플II'가 선풍적 인기를 끌어 개인용 컴퓨터의 시대를 열었다. 이후에도 아이폰iPhone 등 많은 혁신제품을 출시하여 세계적인 소프트웨어 및 컴퓨터 하드웨어를 개발, 제작하는 회사로 성장하였다.

월트 디즈니Walt Disney는 그의 형과 함께 1923년 로스엔젤레스에 있는 비좁고 허름한 삼촌 집 차고에서 '퍼스트 디즈니 스튜디오 The First Disney Studio'를 설립하고, '이상한 나라의 앨리스'의 원작인 '앨리스 코미디Alice Comedies' 시리즈를 제작했다. 이후 디즈니는 성장을 거듭하여 현재 세계에서 가장 영향력 있고 거대한 미디어 그룹으로 성장하였다.

휴렛패커드Hewlett-Packard: HP도 스탠퍼드대학교 동기인 윌리엄 휼릿William Hewlett과 데이비드 패커드David Packard가 1938년에 캘리포니아 주의 팔로알토에 있는 패커드 부모의 차고에서 창업한 세계적인 IT 기업이다. 차고에서 처음 생산된 제품은 음향 발진기였으며, 제일 먼저 이 제품을 구매한 사람은 차고 창업의 대선배인 월트 디즈니였다. 그들은 많은 노력 끝에 돈을 아끼면서 음향 발진기를 생산했다.

> "휴렛과 패커드는 차고에서 제품음향 발진기을 조립한 뒤 제품 표면에 금속을 잘라 붙이고 페인트를 칠해 말렸다. 이때 그들은 돈을 아끼기 위해 공업용 건조기 대신 패커드의 주방에 있던 오븐을 사용했다. 사업이 커지면서 차고에서 3킬로미터쯤 떨어진 팰로앨토의 한 건물에 세를 얻은 뒤에도 한 동안 패커드의 오븐을 계속 사용했을 정도였다."[20]

휴렛패커드가 창업된 차고에서부터 실리콘 밸리가 형성되기 시작했으므로 1989년 캘리포니아 주 정부는 휴렛패커드가 탄생한 허름한 차고를 '실리콘밸리의 발생지The Birthplace of Silicon Valley'로 명명하고 사적지로 등록했다. 이 차고는 '무에서 유를 창조하는' 기업가 정신의 상징이 되었으며, "미국의 세계적 기업들은 차고에서 시작되었다."라는 말이 생겨난 계기도 되었다.

구글Google은 스탠퍼드대 대학원생 래리 페이지Larry Page와 세르게이 브린Sergey Brin이 캘리포니아주 멘로 파크에 위치한 남의 집 차고에서 창업한 회사다. 구글이 소유한 웹 검색 엔진인 구글 검색은 전 세계 검색량의 대부분을 점유하고 있다. 구글을 창업한 페이지와 브린은 세계적인 거부가 되었으며, 차고를 빌려준 사람도 큰 부자가 되었다.

아마존Amazon은 1994년 7월 제프 베조스Jeff Bezos가 워싱턴주 벨뷰에 있는 그의 집 차고에서 창업한 회사다. 아마존은 처음에는 온라인 서점으로 시작해, 1995년 7월에 처음 책을 판매한 이후, 컴퓨터 소프트웨어, 비디오 게임, 전자제품, 옷, 가구, 음식, 장난감으로 제품 라인을 다양화하여, 지금은 세계 최대의 온라인 유통업체로 군림하고 있다.

차고에서 창업한 기업가들은 성공하기까지 수많은 역경을 헤쳐 나가야 한다. 신기술의 개발에 성공한다고 하여도, 개발된 신기술을 활용하여 실제 제품을 만들고 판매하여 수익을 실현할 때까지 오랜 기간 동안 자금 부족, 인력 부족, 판로 부족 등으로 많은 난관에 직면하게 된다. 대부분의 신생기업들이 이 난관을 돌파하지 못하고 사라지므로 이를 '죽음의 계곡'이라고 한다. 이 죽음의 계곡에서 빨리 탈출해야 비용도 줄여 경쟁자를 제치고 창업에 성공할 수 있으므로, 이들은 사력을 다해 앞장서 난관들을 극복하는 불굴의 도전정신으로 창업 팀을 이끌어야 한다.

이와 같이 세계적 기업들이 차고에서 태어났다는 사실은 자금이나 시설이 부족하여도, 불굴의 도전정신 등 기업가 정신이 투철하다면 사업 아이디어만 가지고도 창업에 성공하여 세계적 기업이 될 수 있다는 사실을 상징적으로 보여 준다.

"이봐, 해 보기나 했어?"

– 현대 창업자 정주영

정주영은 가난 때문에 중학교에 진학하지 못하고 아버지의 농사를 돕다가, 불굴의 도전정신과 특유의 부지런함으로 현대그룹을 일구어 냈다. 그는 "모든 일에 있어서 가능하다고 생각하고 가능한 목표를 위해 노력하는 사람만이 성취할 수 있다.", "나는 인간이 스스로 한계라고 규정짓는 일에 도전하여, 그것을 이루어 내는 기쁨을 보람으로 기업을 해왔고 오늘도 도전을 계속하고 있다.", "길이 없으면 길을 찾고, 찾아도 없으면 만들면 된다."라는 어록을 남겼다. 그는 부하들이 "불가능 한 일이므로 못하겠다고 하면 "이봐, 해 보기나 했어."라며 도전정신을 고취시켰다.

정주영은 주력업종으로 건설업을 하다가 우리나라 최초로 대형 조선소를 건설하려는 모험에 도전하였다. 그는 배를 큰 탱크로 생각하고 정유공장을 세울 때처럼 도면대로 철판을 잘라서 용접을 하면 되고, 배의 내부 기계는 건물에 장치를 설계대로 앉히듯이 도면대로 제자리에 설치하면 된다고 여겼다. 이러한 판단에 따라 그는 1971년 선박을 만들어 본 적이 없고, 조선소 건설에 필요한 막대한 자금도 없는 상황에서 과감하게 대규모 조선소의 건설에 도전했다.

그 당시에는 그러한 막대한 자금을 국내에서 조달할 수 없었으므로, 그는 거액의 차관을 도입할 수밖에 없었다. 그러나 거액의 차관을 도입하는 것은 거의 불가능에 가까웠다. 그는 일본과 미국으로부터 차관도입에 실패하자 영국의 A&P 애플도어의 롱바톰 회장을 통해 영국의 바클레이즈 은행으로부터 차관도입을 타진했으나 부정적 답변을 들었다. 그의 회고록에 나오는 글이다.

—   "아직 선주도 나타나질 않고 또 한국의 상환 능력과 잠재력 자체에 의문이 많아서 곤란하군요."라는 롱바톰 회장의 대답에 맥이 쭉 빠졌다. 그런데 그때 바지 주머니 안에 있는 5백 원짜리 지폐가 생각났다. 나는 5백 원짜리 지폐 한 장을 꺼내 테이블 위에 펴 보였다. "이 돈을 보시오. 이것이 거북선이오."

    한때 오대양을 기선단으로 누비며 해가 지지 않는 나라로 불렸던 해운국의 후예 롱바흠 회장이 지폐 위에 그려진 거북선을 물끄러미 내려다보았다.

"우리는 1600년대에 이미 철갑선을 만들었던 실적과 두뇌가 있소. 영국 조선 역사는 1800년대부터로 알고 있습니다. 우리가 300년이나 앞서 있었소. 다만 쇄국정책으로 산업화가 늦어졌고 그동안 아이디어가 녹슬었던 것이 불행한 일이지만 그러나 잠재력은 그대로 갖고 있습니다."

롱바흠 회장은 지폐를 들고 꼼꼼히 살펴본 후, "정말 당신네 선조들이 실제로 이 배를 만들어 전쟁에서 사용했다는 말입니까?"라고 물은 후 지폐를 내려놓으며 "당신은 당신네 조상들에게 감사해야 할 겁니다. 거북선도 대단하지만 당신도 정말 대단한 사람이오. 당신이 정말 좋은 배를 만들기를 응원하겠오."라며 롱바흠 회장은 대형 조선소를 지어 큰 배를 만들 능력이 충분하다는 추천서를 바클레이즈 은행에 보내 주었다."[21]

이후 바클레이즈 은행의 대출심사는 통과되었으나 은행이 차관을 줄 수 있으려면 영국 수출보증기구의 보증을 받아야 하고, 이를 위해서는 건설할 조선소에서 생산할 선박을 구매해 줄 선주가 있어야 했다. 이어지는 정주영 회고록이다.

"이제부터 선주를 찾아 나서야 할 내 손에 들려 있는 것은 아무 구조물도 없는 황량한 바닷가에 소나무 몇 그루와 초가집 몇 채가 선 초라한 백사장을 찍은 사진이 전부였다. 나는 '봉이 김선달'이 되었다.

세계의 유수 기존 조선소의 엄청난 규모를 알면서도 그 사진만 들고 다니면서 '당신이 배를 사주면 영국 수출 보증기구의 승인을 얻어 영국 은행에서 빌린 돈으로 이 사진 속 백사장에 뚱땅뚱땅 조선소를 지어 당신 배를 만들어 주겠다.' 하는 요지의 참으로 어처구니없는 얘기를 길게 하면서, 미친 듯이 배를 팔러 쫓아다녔다 …… 나는 나보다 더 미친 사람과 만날 수 있었다. …… 이 사람이 26만 톤짜리 배 두 척을 우리 현대에 주문했다."[22]

정주영은 조선소 건설 과정에서도 거의 밤잠을 설치면서 많은 고생을 했다. 비바람이 사납게 몰아치는 새벽 3시에 혼자 건설현장 방향으로 지프차를 몰고 가다가 수심이 12m나 되는 바다에 빠져 익사할 뻔하기도 했다. 그러나 그는 수많은 역경에도 불구하고 세계에서 유례가 없는 짧은 기간에 울산조선소에서 26만 톤급 유조선 두 척을 성공적으로 건조해 냈다. 그러나 그 당시에는 이름난 선장들도 대형 유조선을 진수해 본 경험이 없다며 이를 모두 기피해서, 정주영이 직접 진수의 지휘까지도 했다고 한다. 이러한 그의 도전정신이 현대그룹을 일구어 낸 원동력이 된 것이다.

냉철한 위험감수

이순신 대신 원균이 이끌던 우리 수군이 칠천량해전에서 괴멸되기 전까지 이순신은 '이겨 놓고 싸운다'는 전략에 충실하였다. 이에 따라 이순신은 우리의 피해를 최대한 줄이면서 항상 승리할 수 있었다. 이순신이 패배할 수 있는 위험을 철저히 줄이려고 했기 때문이다.

이순신은 패배할 수밖에 없는 무모한 공격은 하지 않았다. 임금인 선조가 잘못된 정보와 판단에 따라 적의 소굴로 쳐들어 가라고 명령했지만, 이렇게 무모하게 공격하면 패배할 수밖에 없다고 판단한 이순신은 임금의 명령이라고 해도 이를 따르지 않았다. 다음은 이순신이 1594년 9월 3일에 쓴 『난중일기』의 일부분이다.

──   "새벽에 밀지密旨: 임금이 비밀리에 내리는 명령가 왔다. 임금께서
       '수륙 여러 장수들이 팔짱만 끼고 서로 바라보면서 한가지라
       도 계책을 세워 적을 치는 일이 없다.'라고 하셨지만, 3년 동
       안 해상에서는 그런 일이 없었다. 여러 장수들과 함께 죽음을
       맹세하고 원수 갚으려고 하루 하루를 보내지만 적이 험난한
       소굴에 웅거하고 있으므로 경솔히 나가 칠 수는 없다. 더구나
       '나를 알고 적을 알아야만 백 번 싸워도 위태롭지 않다.'라고
       하지 않았던가. 종일 큰 바람이 불었다. 초저녁에 불 밝히고
       혼자 앉아 생각하니 국가의 일이 어지럽건만 안으로 구제할
──   길이 없으니 이 일을 어찌하리오."

   이러한 일이 있은 후에도 임금인 선조는 일본 간첩 요시라가 건
네준 잘못된 정보로 이순신에게 적을 공격하라는 명령을 내리지
만, 이때에도 이순신은 이에 따르지 않았다. 이 결과 이순신은 감
옥에 끌려가고 백의종군하는 곤욕을 당하게 된다. 그 사이 이순
신 대신 삼도수군통제사가 된 원균이 임금의 지시에 따라 무모한
공격을 감행한 결과, 우리 수군은 칠천량해전에서 전멸에 가까운
참패를 당하게 되었다. 이순신은 개인적인 불이익을 감수하면서
까지 국가를 위해 위기관리를 철저히 했음을 알 수 있다.
   이와 같이 이순신은 전쟁에서 패배하게 되는 위험을 최대한 줄
이려고 노력했지만, 꼭 필요하다고 판단하면 목숨까지도 잃을 수
있는 위험까지도 감수하겠다고 나섰다. 명량해전 전에 이순신이

12척^{한 척을 추후 확보하여 13척이 참전함}의 전선으로 수백 척에 달하는 적선의 침입을 저지하려고 하자, 패배할 수밖에 없다고 생각한 임금은 수군을 없애고 육군에 합류하라는 지시를 내렸다. 이에 대해 앞에서 이미 지적한 바와 같이 이순신은 임금에게 명량해전을 포기해서는 안 된다는 이유를 다음과 같이 밝히고 있다.

— "만일 지금 수군을 없앤다면 적이 바라는 대로 하는 것이며, 적은 호남과 충청의 연해안을 돌아 한강으로 올 것입니다. 신
— 은 이것을 두려워하지 않을 수 없습니다."

명량해전을 포기하면 일본 수군이 서해안을 돌아 한강까지 쳐들어와 또 다시 한성을 점령하게 될 것이며, 이렇게 되면 나라가 패망할 수도 있다고 이순신은 염려했다. 나라가 망한 후에는 12척의 우리 수군이 남아 있어도 아무 소용이 없을 것이므로, 이순신은 이길 수 있는 가능성이 아주 적더라도 반드시 싸워야 한다고 생각했다. 즉 그는 명량해전에서 승리할 수 있는 확률이 아무리 작다고 하여도, 명량해전 포기에 따른 국가 패망의 위험성이 크다고 판단하고 목숨을 걸고라도 싸워야 한다고 판단했다. 이에 따라 이순신은 임금과 부하들을 설득하고, 죽음을 무릅쓰고 앞장서서 싸워 명량대첩을 이끌어 낸 것이다. 이순신은 기피해야 할 위험과 감수해야 할 위험을 냉철하게 판단해서, 국가존망의 위기에서 나라를 구할 수 있었다.

이와 같이 경우에 따라서는 성공 가능성이 적더라도 과감하게 위험을 감수할 필요가 있다. 이러한 경우에도 부담하게 될 위험의 크기와 심각성은 물론 그러한 위험이 나타날 수 있는 가능성 또는 확률을 종합적으로 분석, 평가하여 위험을 감수할 것인가 또는 기피할 것인가를 결정하여야 한다. 지금과 같은 불확실성과 위기의 시대에서 의사결정에 따른 위험부담과 그 가능성을 더욱 철저히 평가, 계산하지 않으면 안 된다. 즉 계산된 위험감수 Calculated Risk Taking의 틀에서 위기관리를 냉철하게 해야 한다.

마이크로소프트 창업자 빌 게이츠의
하버드대 중퇴와 계산된 위험감수

빌 게이츠는 하버드대학교에 진학하여 응용수학을 전공했으나 재학 중인 1975년 폴 앨런과 함께 종잣돈 1,500달러로 마이크로소프트를 설립한 후 하버드대를 중퇴했다. 그 후 그는 사업에 전념해 컴퓨터 시장의 판도를 바꾸고 세계적 거부가 되었다.

빌 게이츠를 비롯해 스티브 잡스, 마크 저커버그 등 대학을 중퇴하고 창업에 성공한 사례들이 부각되면서 미국에서는 '대학무용론'이 나타나기도 했다. 월스트리트저널은 "얼마 전까지도 대학을 박차고 나와 회사를 차리는 건 위험하다고 여겨졌다. 하지만 요즘엔 대학을 그만두는 것이 야망을 증명하는 명예로운 배지로 여긴다"고 보도하기도 했다.

그러나 빌 게이츠는 서울대학교에서 진행된 '도전정신과 혁신'에 대한 강연에서 "사실 중퇴를 추천하지는 않아요. 대학 중퇴가 어떤 사람의 경우에는 옳은 선택이 될 가능성도 있겠지만, 학업을 중단하는 게 성공을 위한 하나의 당연한 룰처럼 여겨지는 것은 원하지 않습니다. 대학 중퇴는 정말 예외적인 사례로 봐주세요. 그리고 대부분의 상황은 학업을 중단할 정도로 시급하지 않아요."

한 학생이 "당신이 하버드대와 같은 일류 학교에서 중퇴하는 것은 납득이 가지 않거든요. 특히나 한국 부모님들한테는 정말 말도 안 되는 얘기잖아요. 그래서 말인데 왜 하버드대에서 중퇴했는지 말씀해 주실래요?"라는 질문에 대해 그는 다음과 같이 대답했다.

— "정말 좋은 질문이네요. 사실 제 부모님도 제가 하버드대를 중퇴한다고 말했을 때 별로 기뻐하지 않았죠. 부모님은 저를 값비싼 사립고등학교에 보내 주셨고 하버드대 등록금도 내 주셨어요. 그런데 몇 년 후 마이크로소프트라는 회사를 만들 정말 특별한 기회가 오게 된 거예요.

당시 컴퓨터에 마이크로 프로세서 칩을 넣기 시작했는데 그건 컴퓨터 시장의 판도를 바꾸게 된 역사적인 일이었어요. 하지만 그때 당시에만 해도 컴퓨터 시장에 이미 몸을 담고 있었다는 사람들도 그게 어떤 의미를 가지는지 잘 몰랐을 겁니다. 사람들은 당시 컴퓨터를 '매우 비싼 물건'으로만 생각하는데 익숙해져 있었거든요. …… 마침 폴 알렌마이크로소프트 공동 창업자과 저는 퍼스널 컴퓨팅의 중요성을 알고 있었고 그 흐름을 잡아야 한다고 생각했습니다. 그러다 보니 저는 학위를 딸 시간이 없었고 중퇴하기로 선택했습니다."23

  빌 게이츠는 하버드대에는 나중에 와서 공부할 수도 있지만 사업기회는 지금 못 잡으면 영원히 기회가 없을 것 같아서 학업을 중단하고 창업을 결정했다. 그는 하버드대학을 졸업하지 못할 경우에 부담해야 할 손해보다 '컴퓨터 시장의 판도를 바꾸게 될' 사업기회를 잡는 데 따른 이익이 훨씬 크다고 판단하여 하버드대를 중퇴했으나, 이에 따른 리스크도 치밀하게 관리했다.

  빌 게이츠가 창업하기도 전에 자신이 이미 개발한 소프트웨어를 구매하거나 투자하겠다는 사람까지도 있었으므로 그는 창업의 성공 가능성이 매우 높다고 판단했다. 이렇게 사업에 대한 자신이 있었지만, 그는 사업이 잘 안 될 경우 하버드대에 쉽게 복학할 수 있도록, 중퇴 대신 먼저 휴학을 했다. 휴학을 계속하다가 그가 창업한 마이크로소프트가 급성장하고 사업의 실패 가능성이 거의 없다고 예상되자, 비로소 하버드대 휴학을 끝내고 중퇴하기로 한 것이다. 즉 빌 게이츠는 사업의 획기적 성공 가능성과 하버드대 중퇴에 따른 위험부담의 심각성 등을 종합적으로 평가하여 대학 중퇴라는 '계산된 위험감수'를 냉철하게 선택한 것이다.

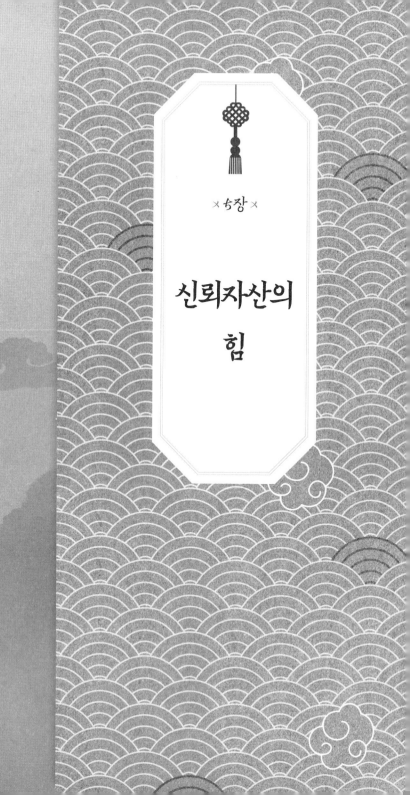

6장

신뢰자산의

힘

이순신의 신뢰자산과
빈손의 재기

위급한 전쟁의 와중에서 이순신은 빈손으로 그것도 빠른 기간 안에 군사와 물자를 모았다. 또 많은 사람들이 스스로 돕겠다고 모여들었다.

이순신 함대의 거북선 돌격장으로 맹활약하던 이기남도 우리 수군이 칠천량해전에서 괴멸되자 '앞으로 어떤 구덩이에 쓰러져 죽을지 모르겠다'고 한탄했지만, 이순신이 나타났다는 소문을 듣고 순천에서 이순신을 스스로 따라나섰다. 의병장으로 활동하던 정사준 형제와 군관, 군사들도 이순신의 대열에 합류했다.

이순신은 수군 재건을 위하여 혼신의 노력을 기울였으며, 이러한 이순신의 모습에 감동한 피난민들까지도 이순신을 여러 면에서 도와주려고 애썼다. 이순신은 "피난민들이 길가에 늘어서서 다투어 술병을 가져다 바치는데, 받지 않으면 울면서 받을 것을 권하였다."라고 『난중일기』에 기록하였다. 피난민들은 자신들이 피난 가서 마시려고 아껴두었던 술까지도 어떻게 해서든지 이순신에게 주려고 한 것이다.

7년간의 임진왜란 동안 무수히 많은 백성들이 굶어 죽었다. 굶주림을 견디다 못해 우리나라 사람들끼리 서로 잡아먹었다는 끔찍한 기록이 있다. 또 중국의 명나라 군인이 술 먹고 토해 놓은 것을 먼저 핥아 먹으려고 많은 사람들이 싸우기까지 했다는 기록도 있다. 아수라장 같은 전쟁의 와중에서 피난민들이 울면서 술병을 권할 정도로 이순신을 아끼고 도우려고 할 줄은 이순신 스스로도 상상할 수 없었을 것이다. 남을 위하여 진정으로 봉사하고 헌신하였더니 바라지도 않았던 고마움의 표시가 예상 밖으로 이순신에게 돌아온 것이며, 이에 따른 보람과 뿌듯함은 이순신에게 아주 클 수밖에 없었을 것이다.

이순신은 떠돌아다니는 피난민들을 잘 보살펴 왔으므로, 이순신이 수군 재건을 위하여 빈손으로 동분서주할 때 피란민들은 이순신을 보자 소리 내어 곡을 하며 "장군이 다시 오시니 우리들은 이제 살게 되었다"고 모여들고, 이순신을 따라 다니기도 하였다. 심지어 일부 피난민들은 명량해전이 벌어진 울돌목까지 따라왔다. 다음은 명량해전이 있던 날 피난민들에 대한 『이충무공행록』에 나오는 기록이다.

"그날 피란 온 사람들이 높은 산 위에 올라가 바라보면서 들어오는 적선을 300까지는 헤아렸으나 그 나머지는 얼마인지 몰랐다. 그 큰 바다가 꽉 차서 바닷물이 안 보일 지경인데 우리 배는 다만 10여 척이라 마치 바윗돌이 계란을 누르는 것 같을 뿐만 아니라 여러 장수들이 막 패전한 뒤에 갑자기 큰 적을 만난 것이라 기운이 죽고 혼이 빠져 모두들 달아나려고만 할 뿐이었다. 다만 공公: 이순신만이 죽겠다는 결심으로 바다 복판에 닻을 내리자 마자 적에게 포위를 당하니, 마치 구름과 안개 속에 파묻힘과 같을 뿐이요 시퍼런 칼날이 공중에 번뜩이고 대포와 우뢰가 바다를 진동하였다. 피난하는 이들이 서로 보고 흥곡하며, '우리들이 여기 온 것이 다만 총제사 대감이순신만 믿고 온 것인데 이제 이렇게 되니 우린 이제 어디로 가야 하오.' 하였다."

그러나 전투가 끝난 후 우리 측 전선은 한 척도 침몰되지 않고 적선들을 무찌른 기적과 같은 승리를 거둔 장면을 직접 목격한 피란민들은 감격의 환호성을 질렀다. 이에 이순신은 피난민들에게 "큰 적들이 바다를 뒤덮었는데 당신들은 어쩌자고 여기 있느냐?"라고 묻자 피란민들은 "저희들은 다만 대감님만 바라보고 여기 있는 것입니다."라고 대답하였다. 또 이순신에게 감복한 피난민들은 자신들이 갖고 있던 옷과 식량을 갖고 와서 수군을 도왔다.

피난민들과 현지 주민들은 이순신을 돕기 위해 적의 움직임에 대한 정보는 물론 해상 의병으로 이순신과 같이 싸웠다. 또 100여 척의 민간 어선들은 전선으로 위장하여, 우리 측의 전선이 많아 보이도록 하는 이순신의 위장전술에도 적극 협력했다.

어떻게 이것이 가능할 수 있었을까. 많은 사람들이 이순신을 마음속 깊이 믿고 따랐기 때문이다. 이순신은 물질적으로 가진 것은 적었지만 '신뢰라는 자산'을 많이 쌓았다.

이순신은 이루 말할 수 없는 악조건하에서도 연전연승해서 나라와 백성을 구했다. 더 나아가 이순신은 전쟁 중에도 부하들이 민폐를 끼치는 일이 없도록 철저히 감독함은 물론, 백성들을 조금이라도 도와주려고 애썼다. 이순신은 해변이나 섬의 버려진 땅에 피난민 등 백성들을 정착시켜 농사를 짓도록 했다. 이와 같이 이순신은 백성들을 아끼고 도와줌으로써 마음 깊은 곳에서 우러나오는 백성들의 동참과 상생의 협력관계를 일구어 낼 수 있었다. 이를 토대로 이순신은 병력도 충원하고, 군량 등 군수물자의 조달에도 도움을 받을 수 있었다.

이순신은 다시 삼도수군통제사가 되었으나 백성들과 함께하는 그의 자세에는 변함이 없었다. 이순신은 지나가던 길이 피난 가는 사람들로 가득 찬 것을 보고 "말에서 내려 피난민들의 손을 마주 잡고 당부했다."라고 『난중일기』에 쓰고 있다. 그 당시 장군들은 일반 백성들 앞에서는 길을 비키라고 호령하면서 말을 그대로 타고 가는 것이 관행이었다. 그러나 이순신은 말에서 내려

손수 피난민들의 손을 마주 잡고 위로하며 꼭 살아남으라고 당부한 것이다. 자신을 낮추고 백성들과 함께 아픔을 공감하는 이순신의 모습을 본 피난민들은 그를 진정으로 따르게 되었다.

이순신은 정직하고 원칙에 충실한 행동으로 '신뢰라는 자산'을 쌓아 나갔다. 이순신은 출장 갈 때 지급 받은 쌀에서 남은 것이 있으면 반납할 정도로 정직했다. 또 상관이 자기와 친한 사람을 무리하게 승진시키려 하자, "서열을 건너뛰어 진급시키면 당연히 진급해야 할 사람이 진급하지 못합니다."라는 이유를 들어 이를 저지시킨 적도 있었다. 이후 이순신은 좌천되었으며, 1년 반후에는 결국 파면되고 말았다.

이후 이순신은 부당하게 8품계나 강등당해서 미관말직으로 다시 근무하게 되었다. 이 시기에 이순신이 활터에서 활쏘기 연습에 열중하던 때, 지금의 국방장관 격인 병조판서가 이순신의 전통箭筒: 화살을 담는 통을 달라고 요구한 적이 있었다. 병조판서에게 전통을 바치면서 자기의 억울함을 호소할 수 있는 절호의 기회가 온 것이다. 그러나 이순신은 자신의 억울함을 호소하기는커녕 자신에게 돌아올 불이익을 각오하고 이러한 요구를 거절했다.

이순신은 자신의 출세를 위하여 청탁을 하지 않았음은 물론 출세를 위한 좋은 기회가 와도 이를 물리쳤다. 율곡栗谷 이이와 이순신은 같은 덕수德水 이씨로서 친척 간인데, 대신의 자리에 있던 이이가 미관말직에 있던 이순신을 만나보자고 했다. 그러나 이순신은 "율곡과 나는 같은 성씨이므로 서로 만나는 것도 좋다.

그러나 그가 벼슬을 주는 대신의 자리에 있는 동안에는 만나보지 않겠다."라는 말로 거절하였다.

이순신은 강직한 성품 탓에 윗사람에게는 미움을 사기도 했으나 부하들이나 주위 사람들은 그를 진심으로 신뢰했다. 우리는 예부터 진퇴가 분명해야 훌륭하고 믿음직한 사람으로 여겼다. 이순신은 다음과 같은 말을 자주 했다고 한다.

"장부로서 세상에 태어나 나라에 쓰이면 죽기로서 최선을 다할 것이며, 쓰이지 않으면 들에서 농사짓는 것으로 충분하다. 권세에 아부해 한때의 영화를 누리는 것은 내가 가장 부끄럽게 여기는 바이다."

부하들과 백성들은 이순신에 대한 깊은 존경심은 물론, 백전백승을 한 장군으로서 이순신이 갖고 있는 핵심역량Core Competence을 높게 평가해서 그를 믿고 따랐다. 이순신이 전투마다 승리할 수 있었던 것은 전투의 여건과 상황에 따라 최적의 병법, 전략, 전술을 활용할 수 있는 핵심역량이 있었기 때문이다. 이순신은 병법에 관한 학습과 연구에도 매진해『손자병법』등 기존의 병법에 통달했지만, 자만하지 않고, 전쟁 기간 중에서도 새로운 병법에 대한 학습을 게을리하지 않아 핵심역량을 강화했다.

이순신은 전쟁에 대비해 거북선을 개발하고, 각종 화포의 활용 방법에도 숙달했다. 전쟁 중에도 학습과 연구를 꾸준히 해 병법, 전략, 전술뿐만 아니라 지휘능력, 정보의 수집과 활용, 사무 처리 등 행정에서도 남들이 따라갈 수 없는 핵심역량을 쌓았다.

이순신은 전쟁 기간 아주 바쁜 가운데서도 활쏘기 연습에 매진했다. 『난중일기』에는 활쏘기 연습을 한 기록이 자주 나온다.

—
"배를 타고 소포로 나가는데 동풍이 크게 불고 격군이 없어 되돌아 왔다. 곧장 동헌으로 나가 활쏘기 10순巡: 활 5대를 계속 쏘는 것을 1순이라 함을 했다."
—

이순신은 병법, 전략, 전술을 학습, 연구하고, 활쏘기 훈련에 매진한 결과 백전백승을 할 수 있는 핵심역량을 두루 갖추게 되었다. 이러한 이순신의 능력을 믿고, 피난민들까지도 '이순신을 따라가면 산다'며 이순신을 전쟁터까지 따라갔던 것이다. 이처럼 오랫동안 쌓은 신뢰라는 자산을 바탕으로 이순신은 위급한 상황에서도 군사를 모으고 수군을 재건하여, 명량해전에서 기적과 같은 승리를 이끌어 낼 수 있었다.

지금은 불확실성의 시대이므로 어떠한 조직이든 생각하지도 못한 위기에 봉착할 수 있으며, 이러한 위기를 극복할 수 있으려면 리더가 구성원들로부터 신뢰를 받아야 한다. 리더가 구성원들을 아끼고 사랑한다는 믿음, 리더의 능력이라면 어떠한 위기라도 극복할 수 있을 것이라는 신뢰가 있다면, 리더는 구성원들의 마음속 깊은 곳으로부터의 동참을 이끌어 내어 위기를 극복할 수 있을 것이다.

목숨과 바꾼
스위스 용병의 신뢰자산

  스위스 용병들은 신의를 지키기 위해 목숨도 아끼지 않았다. 프랑스 혁명 때인 1792년 8월 10일 분노한 수만의 혁명군들이 프랑스 국왕 루이 16세가 도피해 있던 튈리 궁으로 쳐들어 가자 프랑스군 근위대는 모두 도망갔다. 그러나 루이 16세가 고용했던 786명의 스위스 용병들은 단 한 명도 도망가지 않고 끝까지 싸우다가 모두 전사했다. 루이 16세가 "이제 너희들은 철수해도 좋다."라고 말하였고, 프랑스 혁명군도 스위스 용병들이 가난한 가족의 생계를 위해 용병이 됐다는 사실을 알았기 때문에 이들을 죽일 생각은 없었다. 그들은 철수하면 모두 살 수 있었다.
  스위스 용병들이 철수하지 않고 끝까지 싸우다가 전사한 이유는 그들이 도망가면 스위스 용병의 신의와 명성이 손상되고, 더이상 다른 국가들이 스위스 용병을 고용하지 않을 것을 우려했기 때문이었다. 이러한 사실은 프랑스 혁명군이 스위스 용병의 시신에서 발견한 편지에서도 확인되었다. 스위스는 알프스 산맥의 고지대에 있어 자연환경이 척박하고 농토도 부족하여 다른 나라의 용병으로 고용되는 것이 스위스 사람들의 중요한 수입원이었다. 자신들이 도망가면 '스위스 용병'에 대한 신뢰가 무너지고, 이로 인해 다른 국가들이 스위스 용병을 고용하지 않으면 가족, 친지, 국민들의 생계가 어려워 질 것을 염려하여 죽음을 선택함으로써 이들은 스위스 용병의 신의와 명성을 지킨 것이다.

스위스 용병들은 일단 대가를 받고 고용되면 목숨을 바쳐서라도 고용주를 지킨다는 신의와 명성으로 신뢰자산을 쌓았다. 죽음을 무릅쓰고 쌓은 신뢰자산으로 인하여 프랑스는 프랑스 혁명 이후에도 스위스 용병과의 계약을 계속 유지했으며, 나폴레옹도 스위스 용병을 고용했다. 유럽의 다른 국가들도 스위스 용병에게 궁전 수비를 맡겼다. 바티칸 교황청은 15세기부터 스위스 용병을 근위대로 고용했으며, 지금은 스위스 용병 제도는 없어졌지만 교황청은 근위대원의 자격요건을 스위스 국적의 가톨릭 신자로 제한하고 있다.

1821년에 스위스 루체른은 '빈사의 사자상'을 조각하여 전사한 스위스 용병들의 신의, 용기와 희생정신을 기리고 있다. 사자는 죽어간 스위스 용병들을 상징하며 심장이 찔렸음에도 부르봉

왕조의 백합 문양이 새겨진 방패를 지키고 있는 것은 왕실에 충성스러운 용병들의 모습을 추앙하는 것이라고 한다.

인도독립의 영웅 간디와 소금행진

마하트마 간디는 장군은 아니지만 이순신과 공통점이 많다. 이순신은 일본의 침략을 저지하고 나라를 구했지만 마지막 전투에서 전사했다. 간디는 영국 식민지로 있던 인도의 독립을 위해 온 몸을 바쳐 헌신했지만 암살당했다. 이순신은 장군이지만 성웅聖雄으로, 간디는 성인聖人으로 존경받고 있다.

이순신과 간디는 백성을 부림의 대상이 아니라 섬김의 대상으로 본 진정한 서번트 리더였다. 그들은 그런 섬김의 필연적인 결과로 많은 사람들이 마음속 깊이 존경하고 따랐으므로 자연히 리더의 지위를 떠맡아 많은 사람들을 이끌게 되었다. 피난민들이 "이순신을 따라가면 살수 있다"고 하면서 빈손의 이순신을 따라 갔듯이, 빈손의 간디가 이끄는 소금행진에도 많은 인도 사람들이 따라갔다.

간디는 영국 식민지하의 인도에서 영국의 소금독점 폐지를 주장하며, 시민 불복종 행진인 소금행진을 이끌었다. 영국은 소금의 생산을 독점하기 위해 인도인들이 마음대로 소금을 채취하지 못하게 하고, 영국 정부가 허락하는 값비싼 소금만을 사도록 하여 가난한 사람들에게는 큰 부담이 되었다. 간디는 이를 인도에 대한 영국의 대표적 억압 조치라고 판단하고, "우리가 직접 소금을 생산하러 갑시다."라며 행진을 시작했다. 간디는 "진리와 비폭력이 최고의 덕목이다."라며 소금행진을 비폭력 운동으로 이끌었다.

61세의 간디는 자신을 따르는 78명과 함께 머리를 수그리고 지팡이에 의지하며 퉁퉁 부어 있는 발로 1930년 3월 12일 인도 서부의 사바르마티 강에서 출발하여 4월 6일 소금이 나는 단디 해안가까지 390km가 넘는 거리를 행진했다. 간디는 자신을 따르는 78명과 함께 소금행진을 시작했지만 간디의 행진을 본 사람들이 그의 뒤를 따르기 시작해, 나중에는 6만여 명의 인도 사람들이 행진에 동참했다. 남녀노소 가릴 것 없이 많은 시민들이 참여했으며, 음유시인, 행상, 사진 작가 등 다양한 사람들이 함께했다.

행진 마지막 날 아침 일찍, 썰물이 개펄에서 빠져나가자 간디는 바닷물에서 자연적으로 생성된 소금을 집어 들고, 영국의 소금 독점 조치의 부당성을 지적했다. 이러한 간디의 모습을 본 수많은 인도 사람들이 소금을 채취하기 위해 바다로 몰려들었다. 간디와 많은 인도 사람들이 체포되고 투옥되는 과정에서 사망자도 나왔다. 그러나 인도 사람들의 저항은 멈추지 않았으며 1931년에 영국은 간디와 협상을 할 수밖에 없었다. 그가 이끈 소금행진은 인도 독립을 향한 중요한 첫걸음으로 평가되고 있다.

마하트마 간디는 비폭력 운동으로 인도의 독립을 위해 평생을 바친 사람이다. 그는 인류애에 기반을 둔 폭력 거부만이 평화적인 방법으로 목적을 달성할 수 있다고 확신하고 비폭력 운동을 실천했다. 이러한 비폭력 운동은 인도는 물론 세계적으로도 큰 영향을 주었다. 그는 진실을 중시하고 거짓을 증오하였으며, 인도의 사회적 계급 제도의 타파 등 사회악을 없애기 위해 많은 노력을 기울였다. 이와 같이 간디는 신뢰자산을 많이 쌓았기 때문에 많은 사람들이 그를 믿고 소금행진에 동참한 것이다.

유명한 경영 컨설턴트이자 간디 전문가인 케샤반 나이르가 "간디가 보여 준 인간적인 책임감, 진실성, 사랑, 존중, 용기는 직장에서든 사회에서든 어디에서나 인기를 얻고 있다."[24]라고 지적했듯이, 다양한 분야의 사람들도 간디를 벤치마킹할 필요가 있다.

×6장×

사즉생
정신과
위기돌파

"죽고자 하면 산다"

　12척의 전선으로 수백 척에 달하는 일본 전선의 침입을 저지하기 위한 명량해전을 앞두고 이순신은 고립무원의 처지에 있었다. 명량해전 14일 전에는 심지어 바로 밑의 장수인 경상우수사 배설이 겁이 나서 도망가 버렸다. 또한 이순신은 엄청난 격무, 좌절감과 스트레스로 건강도 악화되어 토사곽란吐瀉癨亂에 시달렸다. 새벽 2시경부터 10여 차례 토하고 밤새도록 앓았다고 일기에 쓰기도 했다. 이러한 상황에서는 이순신이라고 해도 좌절할 수밖에 없었을 것이다. 명량해전 5일 전에 쓴『난중일기』를 보면 당시 이순신의 심정을 알 수 있다.

—

—

"흐리고 비가 내릴 듯했다. 홀로 배 위에 앉아 있으니 이 생각 저 생각으로 눈물이 났다. 천지간에 어떻게 나 같은 사람이 있으리오. 아들 회가 내 심정을 알고 매우 괴로워했다."

그러나 이순신은 좌절감을 떨쳐내고 불굴의 용기와 투혼으로 다시 일어섰다. 이순신은 명량해전 하루 전에 수많은 적선이 침입하고 있다는 척후 보고를 받은 후 장수들을 모아 놓고 "죽고자 하면 살고, 살고자 하면 죽는다必死則生, 必生則死."라며 비장한 자세로 싸워야 한다고 말했다. 또한 "한 사람이 길목을 지키면 천 명도 두렵게 할 수 있다一夫當逕 足懼千夫."라고 하면서 "너희 장수들은 살려는 생각을 하지 마라. 명령을 조금이라도 어긴다면 군법으로 처단할 것이다."라며 부하들의 분발을 촉구했다.

그러나 막상 다음날 벌어진 명량해전에서 수많은 적선들이 쳐들어오자, 장수들조차 겁에 질려 싸우려 하지 않았다. 이순신을 따라온 피난민들이 명량해협 근처의 높은 봉우리 위에서 헤아린 적선의 수는 300척이 넘었지만 좁은 명량해협을 통과해 해전에 참가한 적선의 수는 133척이었다. 이순신이 『난중일기』에 기록한 당시의 상황이다.

—

"적선 130여 척이 우리의 여러 배들을 에워쌌다. 여러 장수들은 스스로 적은 군사로 많은 적을 대하는 형세임을 알고 회피할 꾀만 내고 있었다. 우수사 김억추가 탄 배는 이미 2마장馬

—   ^場 밖에 있었다."

　그러나 이미 죽음을 각오한 이순신은 자신이 탄 배 한 척만으
로 앞장서서 싸웠다.

—   "나는 노를 재촉해서 앞으로 돌진하여 지자, 현자 등의 각종
　　　 총통을 이리저리 쏘니, 탄환이 나가는 것이 바람과 우레 같
　　　 았다. 군관들이 배 위에 빽빽이 들어서서 빗발처럼 난사하니,
　　　 적의 무리가 저항하지 못하고 나왔다 물러갔다 했다. 그러나
　　　 적에게 몇 겹으로 포위되어 형세가 장차 어찌 될지 헤아릴 수
　　　 없으니, 배 안에 있는 사람들은 서로 돌아보며 얼굴빛이 질려
　　　 있었다. 나는 부드럽게 타이르기를, '적선이 비록 많아도 우
　　　 리 배를 바로 침범하기가 어려울 것이니 조금도 마음 흔들리
—   지 말고 더욱 심력을 다해서 적을 쏘라'고 하였다."

　그러나 전선 한 척으로만 싸우던 이순신은 진퇴양난의 위기에
처하게 되었다.
　"여러 장수들의 배를 돌아보니 먼 바다로 물러가 있고, 배를 돌
려 군령을 내리려 하니 여러 적들이 물러간 것을 이용해 공격할
것 같아서 나가지도 물러나지도 못하는 상황이었다."라고 『난중
일기』에 기록했다. 그러나 이순신은 이와 같은 최악의 상황 속에
서도 앞장서서 싸우는 솔선수범의 자세를 보여 줌으로써 겁에 질

린 부하들의 분투를 이끌어 내어 명량해전에서 대승을 거두었다.

불리한 전투에서 지휘관이 부하들에게 목숨을 걸고 싸우라는 독전督戰은 매우 위험한 과제다. 육군사관학교가 발행한 『군대 윤리』라는 책자에 따르면, 세계 최강인 미국 군대에서도 1964년부터 8년 반 동안 계속된 베트남 전쟁에서 1,016명의 미군 장교와 하사관이 그들의 부하들에게 살해되었다고 한다.[25] 이러한 사실에서 평소에 신뢰받지 못하는 지휘관이 자신의 몸은 아끼면서 부하들에게 죽음을 무릅쓰고 싸우라는 독전督戰을 하다가는 전투에서 승리하기는커녕, 부하들에게 살해당할 수도 있음을 알 수 있다.

절대적으로 불리한 상황 속에서도 이순신이 부하들에게 목숨을 걸고 싸우라는 독전에 성공할 수 있었던 요인은 무엇이었을까? 이순신은 최고 지휘관으로서 죽음을 무릅쓰고 맨 앞에서 싸우는 솔선수범을 실천함으로써 부하들의 분투를 이끌어 냈다. 가뜩이나 절망적인 상황 속에서 만약 지휘관인 이순신마저 앞장서서 싸우지 않고 주춤거렸다면, 적군의 위세에 눌려 이미 겁에 질린 부하들이 목숨을 걸고 싸우기는커녕 모두 도망갔을 것이다.

이순신의 부하 사랑도 부하들의 분투를 이끌어 냈다. 평소에도 이순신은 부하들을 아끼고 보살폈으며, 전투 시에는 부하들의 안전을 무엇보다도 중시하였다. 명량해전에서도 이순신은 적의 집중공격으로 곤경에 처한 거제 현감 안위를 앞장서서 구했다. 이러한 이순신의 모습을 본 부하들은 더욱 분발하여 싸우게 되었다.

또한 장군으로서 이순신이 갖고 있는 핵심역량도 부하들의 동참을 이끌어 냈다. 이순신은 병법, 전략, 전술에 통달했으며, 지휘관으로서 부하들의 분투를 이끌어 낼 수 있는 통솔력도 탁월했다. 또한 각종 전함과 화포의 사용법을 꿰뚫고 있었으며, 명궁이었다. 이와 같이 이순신은 장군에게 꼭 필요한 핵심역량을 두루 갖추었다. 이러한 핵심역량이 있어 이순신은 연전연승의 신화를 만들어 낼 수 있었으며, 부하들에게도 이순신을 믿고 열심히 싸우면 이길 수 있다는 자신감을 심어 줄 수 있었다.

실제로 이순신은 명량해전에서도 탁월한 전략과 전술을 활용했다. 이순신은 지형, 조류 등 지리적 여건을 최대한 활용하기 위해 명량해협의 좁은 물목물이 흘러들고 나가는 어귀을 전투장소로 선택했다. 명량해협의 폭은 평균 500m이지만 해협 양안에 암초가 있어 배가 다닐 수 있는 너비는 평균 400m 정도에 불과하다. 명량해협 중에서도 울돌목은 너비가 가장 좁다. 이순신은 이곳을 적의 침입을 저지할 장소로 선택했다.

이러한 전략으로 많은 전선을 갖고 있다는 일본 수군의 강점은 크게 사라지게 되었다. 일본 전선 중 가장 크고 전투력이 강한 전투함인 아다케安宅船는 직접 전투에 참여하지 못하게 되었으며, 규모가 작은 세키부네關船 133척만 전투에 참여할 수 있었다. 또한 이순신은 유리한 위치에서 좁은 물목을 어렵게 빠져나올 수밖에 없었던 일본 군선들에게 화포를 집중 포격하여 수많은 적선을 침몰시키는 큰 성과를 거두었다.

　이순신은 우리나라에서 조류가 가장 빠르다는 명량해협의 특성도 활용했다. 일본 수군은 우리 수군 쪽으로 거세게 밀려오는 조류를 타고 쳐들어 왔다. 그러나 전투 중 조류의 방향이 바뀌게 되어, 우리 수군을 향해 몰아치던 조류가 일본 수군을 향해 흐르기 시작했다. 일본 수군은 순식간에 역류를 만나 혼란에 빠지고, 진용이 흐트러지게 되었다. 이 틈을 이용하여 이순신은 일제히 대반격을 감행하여 우리 전선 13척 중 한 척도 침몰하지 않으면서 적선 31척을 격침시키는 명량대첩을 이끌어 냈다.

　'죽고자 하면 산다'는 정신으로 앞장서서 싸운 이순신은 수군 최악의 위기를 극복하고 기적과 같은 명량대첩을 이끌어 내어, 일본 수군의 서해 진출을 저지하고 수군 전력을 크게 확충할 수 있는 기회를 갖게 되었다. 반면에 겁이 나서 살려고 도망간 경상우수사 배설은 명량해전 후 조정의 체포명령에 따라, 임진왜란이 끝난 일 년 후인 1599년 권율에 의해 체포되어 목을 베어 죽이는 참형을 당하였다. "장수들은 살려는 생각을 하지 마라. 명령을 조금이라도 어긴다면 군법으로 처단할 것이다."라는 이순신의 경고가 그대로 실현된 셈이다.

"기꺼이 먼저 죽을 각오가 되어 있는가"

− 이나모리 가즈오 교세라 명예회장

일본에서 '경영의 신'으로 불리고 있는 이나모리 가즈오 회장은 27세에 교세라를 창업하여 세계적 기업으로 성장시켰다. 그는 '이나모리 재단'을 설립하고 교토상을 제정해, 매년 인류사회의 발전에 공적이 있는 사람을 선정해 표창해 왔다. 1998년 백남준 비디오 아티스트가 아시아인 최초로 이 상을 수상했다.

가즈오 회장은 77세의 나이에 일본 정부와 수상의 간청으로 21조 원의 부채와 매년 5천억 원의 적자로 파산 위기에 몰린 일본항공JAL의 회장으로 취임해 1년 만에 흑자로 만들고, 그다음 해부터는 역대 최고 수익을 경신했다. 이 결과 일본항공의 주식은 약 2년 반 만에 주식시장에 다시 상장될 수 있었다. 그는 고령과 항공산업에 문외한이라는 이유를 들어 일본항공 회장의 취임을 거절하다가 이를 수락한 이유를 다음과 같이 밝히고 있다.

——   "일본항공의 재건은 분명 사회적으로도 큰 의의를 가진 사업
        이라는 결론에 이르렀고, 나는 '사람이 행해야 할 일을 실행
        하지 않는 것이야말로 더 큰 부정이다.'라는 말을 떠올리며
——   회장 취임을 받아들였다."[26]

그는 자신을 희생하더라도 다른 사람들을 위해 애쓰는 마음으로 시작한 일은 그렇지 않은 일 보다 성공할 확률이 높고, 가끔은 예상을 훨씬 뛰어넘은 놀라운 성과를 이루어 낸다고 밝히고 있다. "모든 것은 '마음'에서 시작하여 '마음'으로 끝난다며, 이 말이야말로 지금까지의 내 인생에서 체득한 마지막 지혜이며 내가 날마다 잊지 않고 주문처럼 외우는 한 조각 진실이다."라며, 그는 남을 위한 순수한 마음만이 위대한 성과를 이루어 낸다고 강조하고 있다.

가즈오 회장은 인류 역사의 모든 거대한 성취는 한 개인의 이기심이 아니라, 남을 먼저 생각하는 이타의 마음에서 시작되었다고 강조한다. 그는 일본의 메이지유신도 이를 추진한 우국지사들이 근대화를 위한 국가 개혁을 하지 않으면 미국이나 유럽 열강의 식민지가 되고 말 것이라는 절박한 위기의식에서 희생정신으로 국가에 헌신했기 때문에 성공할 수 있었다고 지적하고 있다.

그는 초등학생이었을 때 결핵에 걸려 사경을 헤매고 있던 숙부 두 분과 같이 살았는데, 아버지는 감염 따위는 조금도 두려워하지 않고 매우 헌신적으로 간병하였다고 한다. 반면에 그는 결핵에 감염될까 두려워 숙부를 피해 다녔지만 자기만 결핵에 걸려 죽음의 공포에 시달렸다고 한다.

— "그때 저는 건강했는데도, 가족의 병에 감염될까 두려워 결핵의 마수에 걸린 사람처럼 와들와들 떨었습니다. 너무 겁이 난 나머지 결핵에 걸린 숙부가 꿈쳐누워 있는 별채 앞을 지나갈 때마다 코를 틀어막고 도망치듯 빠져나오곤 했죠 …… 그러나 참 재미있는 사실은, 병에 의연했던 아버지와 형은 감염되지 않았고 오히려 병이 두려워 도망치기 바빴던 제게만 병마— 가 덮쳤다는 사실입니다."[27]

이순신이 말한 "죽고자 하면 살고, 살려고 하면 죽는다"와 비슷한 상황이 벌어진 셈이다. 이때의 경험으로 그는 '어떤 생각을 품고 어떤 자세로 살아갈 것인가'와 같은 물음이야말로 인생의 가장 중요한 요소라는 교훈을 얻었으며, 이후 이 교훈은 그의 인생관이 되어 모든 조직경영의 초석이 되었다고 밝히고 있다.

이나모리 가즈오는 어려운 과업을 성공적으로 수행하고 위기를 극복하기 위해서는 어떠한 역경에도 이를 돌파할 강인한 의지가 필요함은 물론, 남을 위해 나의 모든 것을 내 던질 수 있는 마음이 있어야 한다고 말한다. 즉 그는 '기꺼이 먼저 죽을 각오가 되어 있는가'를 스스로에게 물어보고, 솔선수범해야 위기를 극복할 수 있다고 강조하고 있다.[28]

"죽고자 하니 새로운 전략이 떠올랐다"

– 미래산업 창업자 정문술

정문술鄭文述 미래산업 창업자는 벤처 1세대로 벤처업계의 대부로 평가받고 있다. 그는 지금의 국가정보원의 전신인 중앙정보부에서 18년간 근무하다가 강제퇴직 당한 뒤 1983년 반도체 칩 생산업체인 미래산업을 창업했다. 창업 첫해에 3억 원의 순이익을 냈으나, 이에 자만해서 높은 기술이 필요한 검사장비를 개발하려다가 1985년 본인의 재산은 물론 친구, 처남 등의 돈 18억 원을 몽땅 날리게 되었다. 그는 세상이 어둡게만 느껴지고 더이상의 기회가 없을 것 같아 자살까지 하려고 했다. 그는 다음과 같이 회고하고 있다.

"눈앞이 깜깜했다. 직원들 얼굴을 제대로 바라볼 수가 없었다. 직원들뿐만이 아니었다. 난감한 표정을 지으면서도 결국은 나를 믿고 나를 도와줬던 친척들이며 친구들, 끝까지 침묵으로 나의 길을 보살펴 주었던 아내와 아이들에게까지 면목이 없었다. 커다란 벽에 다다른 기분이었다. 하늘이 무너져 내리는 듯했다. 순식간에 비관적인 생각들이 나를 온통 지배하기 시작했다. 세상이 어둡게만 느껴졌다. 오십이 넘은 나에게 이제 더 이상의 기회는 없을 것 같았다. 그대로 주저앉아 아무 생각 없이 사라져버리고 싶었다. 오로지 죽어야 한다는 생각뿐이었다. 이렇게들 자살을 하는구나 싶었다.

소주 한 병과 수면제를 챙겨 들고 청계산에 올랐다. 정상에 올라와 보니 강남 일대가 시원스레 내려다보였다. 소주병과 약병을 땅바닥에 내려놓고 물끄러미 바라보고 있자니 두 눈에서는 하염없이 눈물이 흘러내렸다. 그러나 알 수 없는 일이었다. 마음 한쪽에서 설명할 수 없는 희망 같은 것이 피어나고 있었다. 내가 죽으면 나를 믿고 도와줬던 사람들은 뭐가 되는가. 내 가족들은 또 뭐가 되는가. 무작정 살다 보면 항상 어떻게든 길이 생겨나지 않던가. 이런 생각들이 갑자기 꼬리를 물고 이어졌다. 이대로 실패한 인생으로 마감되긴 싫었다. 잃었던 오기도 다시 생겨나기 시작했다.

그때 불현듯 머릿속을 스치는 깨달음이 있었다. 무조건 잃어버린 것만은 아니다. 실패는 했지만 아직 기술은 남아 있지 않은가. 기계설계, 전자 하드웨어, 소프트웨어, 제어계측, 진동/소음 제어, 정밀온도제어, 현미경 연동제어, 색채식별, 정밀위치제어, 특수모터제어, 에어베어링, 정밀기계 분야 등등에 관한 우리의 기술력만큼은 국내 최고라 할 만했다. 자그마치 4년 동안 18억을 쏟아부어 가며 축적한 기술을 이대로 흘어 버릴 수는 없다는 생각이 들었다. '웨이퍼 검사장비' 따위는 이제 알 바 아니었다. 그보다 한 단계 낮은 제품을 개발해서 팔 수만 있다면 다시 일어설 수도 있지 않겠는가!"[29]

그는 자살하려는 순간 머릿속에서 '지금까지 개발한 제품을 한 단계를 낮추어 새 제품을 만들어 보자. 최고 첨단 제품을 만들어봤으니, 한 단계 낮은 것은 만들기 쉽고 값도 싸질 것이다'는 생각이 떠올랐다고 한다. 그는 청계산에서 죽음 대신에 새로운 전략을 안고 내려왔다며, "죽느냐 사느냐 기로에 섰을 때, 새로운 전략이 얼마나 중요한지 실감나게 확인했다"고 말했다.

정문술은 새로운 전략에 따라 반도체 검사장치인 IC 테스트 핸들러를 생산하였으며, 국내 반도체 생산업체는 물론 세계적 반도체 회사인 미국의 텍사스인스트루먼트에도 대량 공급하였다. 이러한 전략의 변화는 회사를 급성장시키는 계기가 되었다.

정신요법의 제3학파라고 불리는 로고테라피 학파를 창시한 빅터 프랭클 박사는 오스트리아에서 태어난 유대인이다. 그와 그의 가족은 나치의 강제수용소에 끌려가 자신과 누이를 제외하고는 아버지, 어머니, 형제, 아내가 그곳에서 죽음을 당했다. 그는 강제수용소에서 이루 말할 수 없는 잔혹함과 수많은 죽음을 목격한 경험을 토대로 독창적인 로고테라피라는 정신요법을 창안했다. 그에 따르면 왜 살아야 하는지 아는 사람은 아무리 어려운 상황도 견딜 수 있다고 한다.

—
"세상에 자신의 존재를 대신할 수 있는 것이 아무것도 없다는 사실을 일단 깨닫게 되면, 생존에 대한 책임과 그것을 계속 지켜야 한다는 책임이 아주 중요한 의미로 부각된다. 사랑으로 자기를 기다리고 있을 아이나, 아직 완성하지 못한 일에 대해 책임감을 느끼게 된 사람은 자기 삶을 던져 버리지 못할 것이다. 그는 "'왜' 살아야 하는지를 알고 있고, 그래서 그
—
'어떤' 어려움도 견뎌낼 수 있다."[30]

정문술은 자신의 존재를 대신할 수 있는 것이 아무것도 없다는 사실과 자신이 져야 할 무한책임을 깨닫고, 새로운 전략으로 사업에 매진해 1999년 한국기업 최초로 미래산업을 나스닥에 상장시켰다. 그 2년 후인 2001년 그는 "회사는 개인 소유가 아니다. 그러니 개인 것처럼 해서는 안 된다"며 자식들에게 회사를 물려주지 않고 미래산업 경영권을 전문경영인에게 넘기고 은퇴를 선언했다. 그는 "회사도, 주식을 판 돈 어느 것도 내 것이 아니라고 생각한다."라는 소신에 따라 2001년 은퇴하면서 300억 원

을 자식들에게 증여하지 않고 과학기술 발전을 위해 KAIST에 기부했다.

그 후에도 그는 주식 매도로 얻은 215억 원을 KAIST에 추가로 기부했다. 그는 "부를 대물림하지 않겠다는 나와의 약속을 지켰다"며 "돈과의 싸움에서 이겼다"고 말했다고 한다. 포브스아시아는 2014년 정문술을 '기부 영웅 Heroes of Philanthropy'으로 선정했다.

7장

겸양의
미덕과
자만의
경계

"군인으로서
부끄러움이 있을 뿐이다"

이순신은 명량대첩 후에 쓴 『난중일기』에 "이번 승리야말로 천행天幸하늘이 내린 큰 행운"이라고 썼다. 이순신은 이루 말할 수 없는 악조건에서 목숨을 아끼지 않고 앞장서서 싸운 헌신과 희생 정신으로 큰 승리를 이끌어 냈지만, 자신을 조금도 내세우지 않고 모든 공을 하늘에 돌리며 겸손해했다.

이순신은 수많은 전투에서 모두 승리했음에도 "군인으로서 부끄러움이 있을 뿐이다."라고 『난중일기』에 쓰기도 했다.

—　　"사직의 위엄과 영험에 힘입어 겨우 조그마한 공로를 세웠는데, 임금의 총애와 영광이 너무 커 분에 넘친다. 장수의 직책

으로 더 쓸 만한 공로도 세우지 못했으며, 입으로는 교서를 외우나 얼굴에는 군인으로서의 부끄러움이 있을 뿐이다."

이순신은 자기가 여러 면에서 부족하다는 겸손한 마음이 있었으므로 부하들의 의견도 경청하고 전략과 전술을 결정했다.『징비록』에 나오는 글이다.

"이순신이 한산도에 있을 때 운주당이라는 건물을 세웠다. 이순신은 이곳에서 밤낮으로 장수들과 함께 전투를 연구했는데, 아무리 지위가 낮은 병사라고 해도 군무에 관한 일이라면 언제든지 와서 자유롭게 말할 수 있게 했다. 이에 따라 모든 병사들이 군대에 관련된 일을 잘 알게 되었다. 또한 이순신이 전투를 시작하기 전에 장수들과 의논하여 계책을 결정하였으므로 전투에서 패하는 적이 없었다."

이순신은 겸손한 자세로 자신은 물론 부하들의 자만도 철저히 경계했다. 우리 수군이 일본 수군에게 계속 승리하자, 부하들 사이에는 일본 수군을 업신여기는 풍조가 나타나게 되었다. 이를 크게 우려한 이순신은 "적을 업신여기면 반드시 패한다輕敵必敗之理."라며 부하들이 자만에 빠져드는 것을 철저히 경계했다.

반면에 자만에 빠진 사람들은 임진왜란에 제대로 대비하지 않았다. 임진왜란 직전 통신사의 부사로 일본에 갔다 온 김성일은

"도요토미의 눈은 쥐와 같고 외모로 보나 언행으로 보나 하잘것 없는 위인이니 두려울 것이 없다."라면서 무시하는 듯한 말로 조정에 보고했다. 전쟁 전에는 왜적을 한칼에 무찌를 수 있다고 큰소리친 육군 장수들은 육군에 비해 수군은 약하다며 수군폐지론을 주장하기도 했다. 그러나 막상 전쟁이 터지자 도망친 장수도 있었다.

미국 해군의 특수전 부대인 네이비씰은 게릴라전, 대테러전, 인질 구출, 특수 정찰 작전 등 특수전 전반에서 세계 최강의 부대이다. 네이비씰 지휘관들이 열악한 위기상황에서도 뛰어난 성과를 내는 비결 중의 하나는 항상 자만을 경계하는 데 있다. 이에 따라 네이비씰의 승리원칙 중의 하나는 '자신감은 살리고 자존심은 죽여라'이다. 지나친 자존심으로 자만이 싹틀 수 없도록 방지하기 위함이다. 네이비씰 지휘관을 역임하고 리더십 컨설팅 회사인 '에셜론 프론트'를 설립한 윌링크와 바빈의 글이다.

> "네이비씰에 있을 때 우리는 자신감을 갖되 자만하지 않으려고 노력했다. 네이비씰의 역사와 유산에 무한한 자긍심을 느끼며, 우리가 가진 뛰어난 기량에도 자신감을 갖고 있었다. 하지만 우리가 너무나 뛰어나서 실패할 리 없다거나, 적들은 별것 아니어서 우리의 약점을 파고들 능력이 없다는 생각은 하지 않았다. 자존심을 통제하는 것, 최후의 승리를 위한 가장 중요한 요소다."[31]

위기를 극복하고 승리할 수 있으려면 자신이 실수를 했거나 부족한 것이 있으면 이를 인정하고 고쳐나가야 한다. 그러나 자존심이 강한 사람은 실수를 인정하지 않고, 건설적인 비판과 충고도 잘 받아들이려 하지 않는다. 특히 부하 등 자기보다 직책이 낮은 사람이 문제점을 지적하면 자존심의 상처를 받아, 무엇이 문제인지를 파악하기는커녕 문제가 있다는 사실 자체도 인정하지 않으려 한다. 이런 오만한 자세로는 위기에 제대로 대처할 수 없다.

위대한 기업들도 리더가 겸손하지 않고 자만에 빠져들면 몰락하기 시작한다. 짐 콜린스는 그의 저서 『위대한 기업은 다 어디로 갔을까』에서 위대한 기업으로 크게 성공한 기업이 몰락하는 첫 단계는 '성공으로부터 자만심이 생겨날 때'라고 지적했다.

— "몰락의 첫 단계는 성공을 당연한 것으로 간주해 거만해지고 진정한 성공의 근본 요인을 잊을 때 시작된다. …… 성공의 요인을 살펴보면 운과 기회가 중요한 역할을 한 예가 많은데, 그 사실을 제대로 깨닫지 못하고 자기 능력과 장점을 과 — 대평가하는 사람은 자만하게 된다."[32]

세계 일등 기업들이라고 해도 자만하면 몰락하게 된다. 미국의 통신 장비 제조 업체인 모토로라는 세계 최초로 휴대전화를 개발하고 상용화에 성공하여, 한때 세계에서 휴대전화를 가장 많이 판매했던 기업이었다. 그러나 큰 성공으로 자만에 빠져든 모토로라의 경영진은 무선통신 시장이 아날로그 기술에서 디지털 기술의 기반으로 이동하고 있는데도 이를 무시하고 일등을 하고 있는 아날로그 시장에 안주하면서 몰락의 길을 걷게 되었다.

기업은 여러 가지 형태의 자만으로 몰락의 길을 걷게 된다. 성공에 도취되어 기술, 고객, 시장의 변화를 잘 모르거나 이를 무시하고 배우려 하지 않는 경우, 자기 능력에 대한 과도한 평가로 경쟁기업을 무시하여 경쟁우위를 상실하는 경우, 자기 능력을 과신하여 지나친 성장을 추구하거나 핵심역량이 뚜렷하지 않은 새로운 분야에 진출하는 경우, 기업 내부의 불만, 경영진의 기회주의 등 문제점을 방치하여 몰락하는 경우 등 다양한 형태의 자만이 몰락의 씨앗이 될 수 있다.

마쓰시다 전기를 창업해 세계적인 기업으로 성장시킨 마쓰시다 고노스케는 "성공은 운의 덕으로 돌리고, 실패는 자신의 탓으로 돌리라"고 충고한 바 있다. 그에 따르면 성공을 운의 덕으로 돌리는 겸손한 경영자는 작은 실패 하나하나에 대해 깊이 반성하게 되어 자만하지 않게 된다고 한다. 또 윗사람일수록 교만함을 깨우쳐 주는 사람이 드물기 때문에 항상 버릇처럼 자신이 겸허한지 자문자답해야 한다고 말했다.

영원한 강자는 없으므로 항상 자만을 철저히 경계하고 위기에 대비해야 한다. 세계적인 초일류 기업들도 자만을 경계하기 위해 세계에서 가장 까다롭고 불평 많은 고객을 우대하고 오히려 이들을 찾아 나서고 다른 기업들을 벤치마킹하고 있다. 우리도

우물 안 개구리같이 만만한 경쟁기업이나 고객만 상대하면서 자만에 빠져들 것이 아니라 세계 제일의 기업을 경쟁 상대로 삼아 부족한 점을 끊임없이 메워나가야 한다. 또한 겸허한 자세로 까다로운 고객, 종업원의 불평을 경청하면서 자기의 약점이 무엇인지를 알고 이를 혁신의 기회로 삼아야 한다.

"겸손한 자세로 끊임없이 배운다!"

– 월마트 창업자 샘 월튼

　월튼은 1918년 미국에서 태어났으며, 풍족하지 않은 가정형편으로 17살 때부터 잡지 판촉 일을 했고, 중학교 때부터 대학 졸업 때까지 신문 배달을 했다. 그는 월마트를 창업하여 "월마트가 낭비하는 1달러는 고객의 주머니에서 나온 것이다."라는 모토 아래 철저한 고객 중심의 비용절감을 실현했다. 이 결과 그는 소매업계를 평정하여 월마트를 모든 기업을 통틀어 2022년 기준 전 세계에서 매출액 1위를 점하는 기업으로 만들었다.

　월튼은 1992년 죽기 약 3주 전에 미국 정부가 수여하는 미국 시민 최고 영예의 상인 '자유의 메달Medal of Freedom'을 받았다. 이 메달에는 다음의 문구가 들어 있다.

—   "겸손이 근본인 이 사람은 자신의 능력을 결코 의심하지 않았
—   지만, 또한 성공을 결코 과시하지도 않았다."

월튼은 세계적인 부자지만 픽업트럭을 타고 다닐 정도로 검소
한 생활을 하며, 항상 겸손한 자세로 끊임없이 배우려고 노력했
다. 1980년대 후반 남아메리카에 기반을 둔 할인소매업체를 사
들인 브라질 투자자들이 미국의 할인소매점에 대한 지식을 얻기
위해 방문했을 때에도 그는 오히려 이들에게서 배우려고 노력했
다. 월튼은 이들을 안내하기 위해 직접 픽업트럭을 몰고 공항까
지 마중 나갔으며 낮은 자세로 이들에게 질문을 하면서 배우려
고 했다.

—   "며칠 동안 월튼은 손님들에게 브라질과 라틴아메리카의 소
        매업 등에 대해 쉴 새 없이 질문을 퍼부었다. 때로는 주방 싱
        크대 앞에 서서 저녁식사에서 사용한 그릇들을 설거지하면
        서도 질문을 계속했다. 브라질 투자자들은 한참 후에야 깨달
        았다. 사상 최초로 연 매출 1조 달러를 달성할 것이 확실시되
        는 기업의 창업주 월튼이 자신들에게서 배우려 하고 있었던
—   것이다. 절대 자신들이 배우고 있는 것이 아니었다."[33]

그 당시 소매업계를 평정했다고 평가받은 월튼은 자기기 잘 안
다고 자만하지 않고, 자기에게 배우러 온 사람들에게도 낮은 자

세로 오히려 배우려고 한 것이다. 월튼은 자신이 은퇴한 후에도 겸손한 탐구 정신이 월마트의 기업문화에 뿌리내리도록 자신과 같이 겸손하고 호기심 많은 인물을 후계자로 선택했다. 월마트의 기업문화에 겸손한 배움의 자세가 뿌리내리도록 한 결과 월마트는 미리 변화와 위기에 잘 대처하고, 계속 성장할 수 있었다.

겸양의 미덕과
5단계 리더십

전쟁에서 승리하면 주위의 찬사에 도취되어 자만하게 되어, 모든 공을 독차지하려고 한다. 그러나 이순신은 승리의 공을 자신의 업적으로 생각하기보다 하늘, 임금뿐만 아니라 부하들의 공으로 돌리는 겸양의 미덕을 보여 주었다. 그는 임금에게 승전 보고서를 올릴 때도 부하들의 공을 앞세웠으며 종들의 이름까지 적어 전승의 공적이 함께 전투에 임한 부하들의 것임을 강조했다.

이순신은 죽은 부하들의 공적을 기리기 위해 전쟁 중에도 정성을 다했다. 죽은 부하들의 시체를 거두어 고향에 묻히도록 도와주었으며, 제사를 지낼 수 있도록 쌀을 보내 주기도 했다. 또한 죽은 부하들의 합동 제사를 지내고 손수 제문도 썼다.

─ 윗사람을 따르고 상관을 섬겨
　　너희들은 직책을 다 했건만
　　부하를 위로하고 사랑하는 일
　　나는 그런 덕이 모자랐노라
　　그대 혼들을 한 자리에 부르니
─ 여기에 차린 제물 받으십시오.

　이순신이 자신보다도 부하들의 공적을 기리고 돌보았기 때문에 이순신 휘하에는 많은 사람들이 모여들어 부하가 되었다. 이들은 이순신을 마음속 깊이 따르고 목숨도 아끼지 않고 싸웠다. 지극 정성을 다한 이순신의 부하 사랑이 어부, 농부, 종들이 많았던 우리 수군을 무적함대로 만들어 위기를 극복한 것이다.

　짐 콜린스Jim Collins는 경쟁기업을 압도하는 탁월한 성과를 내고 이를 오랫동안 지속하는 위대한 기업을 만든 리더들의 특징을 연구했다. 그에 따르면 이들 리더들은 뛰어난 업무 능력, 팀워크 능력, 관리자로서의 역량, 비전 제시와 동기부여 역량은 물론, '헌신과 겸양의 미덕'이 있다는 것이다. 그는 '헌신과 겸양의 미덕'을 갖추어야 가장 높은 단계인 5단계 리더가 될 수 있으며, 이러한 리더는 매우 드물지만 위대한 기업을 만들고 위기가 닥쳐와도 이를 극복할 수 있다고 한다.

　5단계 리더는 이순신처럼 불굴의 의지를 갖고 헌신적으로 일해 엄청난 성과를 올리지만 겸양의 미덕을 보여 준다. 이들은 값진 성공을 이끌어 냈음에도 그 공적을 자기 자신이 아닌 다른 사람들에게 돌리며, 공적을 돌릴 수 있는 특정한 사람을 찾지 못하면 운이 좋아 성공했다고 겸손해한다는 것이다.

— "5단계 리더들은 일이 잘 풀릴 때에는 창문 밖을 내다보면서 자기 자신 외의 요인들에게 찬사를 돌린다. 그러나 찬사를 돌릴 특별한 사람이나 사건을 찾을 수 없을 경우에는 행운 탓으로 돌린다. 반면에 일이 잘 풀리지 않을 때에는 거울을 들여다보며 자신에게 책임을 돌리고 결코 운이 나쁜 걸 탓하지 않는다."[34]

일본에서 '경영의 신'으로 불리는 이나모리 가즈오는 "'공적은 오직 나만의 것이다.'라는 생각은 아무런 근거도 실체도 없는 망상에 불과하다. 이 단순한 사실을 깨닫고 나면 저절로 교만과 오만은 사라지고 그 자리에 겸허함이 싹튼다."라고 했다.[35] 그는 수많은 경영자들을 관찰한 결과 다소 느리고 둔하더라도 언제나 겸허한 마음을 유지했던 경영자는 어떠한 위기에도 살아남았다는 점을 알게 되었다고 한다.

큰 공적을 세우면 주위의 찬사에 도취되게 마련이다. 그 공을 다른 사람에게 돌린다는 것은 결코 쉬운 일이 아니다. 치열한 경제전쟁에서도 승리하기 위해서는 기업의 리더뿐만 아니라, 구성원 모두의 혼신의 노력이 필요하다. 훌륭한 리더가 되려면 구성원의 헌신적인 노력 없이는 어떠한 성공도 지속될 수 없음을 알고, 공적을 구성원들에게 돌리는데 인색하지 않아야 한다.

참고사례

"나는 기회의 땅에서 태어난 행운아다"

– 주식 투자의 귀재 워런 버핏

　워런 버핏은 '투자 역사상 가장 위대한 투자가', '주식 투자의 살아 있는 전설'로 불리지만, 겸양의 미덕을 보여 주고 있다. 그는 자기가 미국에서 태어나지 않았더라면 투자의 재능이 결실을 맺을 수 없었을 것이란 말을 자주 한다고 한다. 스스로 투자에 성공하게 된 가장 중요한 이유도 미국과 같은 기회의 땅에서 태어난 행운 때문이라며 자기를 내세우지 않고 공을 '미국에 태어난 행운'에 돌렸다.

　그는 "나는 축구도 바이올린도 못한다. 어쩌다 보니 이 사회에서 높은 대우를 받는 일을 맡았다 …… 만약 원시 시대에 태어났다면 맹수들의 먹이가 되었을 것이다."라고 말하기도 했다. 또

"만일 높이뛰기를 잘해야 돈을 벌 수 있다면, 나는 부자가 되지 못했을 것이다. 나는 운이 좋았다."[36]라며 자신의 성공을 운에 돌리는 겸손함을 보여 주었다.

버핏은 아직도 회삿돈을 아끼기 위해 월급도 적게 받고 허름한 차를 타고 회사를 위해 헌신적으로 일하면서도, 자기가 태어난 미국에 보답하기 위해 거액을 기부하고 있다. 그는 자신의 사후에 세 자녀에게는 300만 달러만 남기고 나머지 재산을 자선재단에 기부한다고 선언한 바 있다. 그는 자신이 만든 버핏 재단도 있지만, 2006년 재산의 85%인 370억 달러를 빌 게이츠 재단에 기부하겠다고 발표했다. 이와 같이 그는 다른 사람들이 운영하는 재단에 기부하여 왔으므로, 자신이 세운 재단 명의의 기부금 실적은 미미하다. 그는 기부를 하는데도 자신을 내세우지 않는 겸양의 미덕을 보여 주고 있다.

버핏은 93세인 지금까지도 헌신, 근면과 절약, 겸손한 자세로 수많은 위기를 극복하고 버크셔 헤셔웨이Berkshire Hathaway를 위대한 기업으로 만들었다. 그는 추락의 위기를 상승의 기회로 만들고, 도전으로 성취하고 응전으로 승리한 리더로 평가받고 있다.[37] 그가 오마하의 현인Oracle of Omaha으로 불리는 이유이기도 하다. 그러나 그는 '오마하의 현인'이라고 불리는 것에 대해 "발음하기는 좋지만 정확성은 떨어진다."라며 겸손해했다. 이와 같은 겸허한 자세로 버핏은 수많은 위기에 잘 대처해 왔다.

× 8장 ×

상과 벌을
확실히
준다

이순신과 신상필벌

　이순신은 부하들을 무척이나 아끼고 사랑했다. 전시에는 부하들의 희생을 줄이기 위해 최선을 다했고, 평상시에는 부하들과 같이 고생하고 즐기면서 항상 한 몸이 되고자 노력했다. 가난한 부하에게 입고 있던 옷까지 벗어 줄 정도였다. 또 부하들과 같이 활쏘기 연습도 하고, 글 모르는 부하들에게 글도 가르쳐 주었다. 부하들을 위로해 주려고 술도 같이 마시고 씨름 대회도 자주 열었다.

　이순신은 유능한 인재를 발탁하고 육성하기 위해 많은 노력도 기울였는데, 한산도에 무과 시험장을 설치한 것이 대표적인 예다. 우리 수군의 본부가 한산도에 있었으므로 수군은 적을 막기 위한 해상 활동을 중단하고 멀리 가서 무과 시험을 치를 수 없었다. 이순신은 이러한 문제를 해결하기 위해 임금에게 건의해 한산도에 수군을 위한 무과 시험장을 특별히 설치할 수 있도록 허가를 받았다. 또 당시 무과 규정 중 '말을 달리면서 활 쏘는 시험'은 말이 달릴 만한 땅이 부족한 한산도에서는 부적절했으므로 편전片箭애깃살을 쏘는 것으로 대신하게 했다. 또 이순신은 새벽부터 촛불을 밝히고 부하들에게 병법과 전술을 가르쳤고, 함께 활을 쏘면서 몸소 활 쏘는 방법을 현장에서 지도했다.

이순신은 부하들이 공을 세우면 천대받는 종들까지도 상을 주려고 최선을 다했다. 이순신은 일본의 조총에 대응할 수 있는 무기개발에 힘썼으며, 이에 기여한 종들에게도 상을 줄 것을 1593년 8월 임금에게 다음과 같이 건의하였다.

——

"신이 여러 번 큰 싸움을 겪으면서 왜인의 조총鳥銃을 얻은 것이 매우 많았으므로 항상 눈앞에 두고 그 묘리를 실험한 즉, 총신이 길기 때문에 그 총 구멍이 깊숙하고, 그 때문에 나가는 힘이 맹렬하여 맞기만 하면 반드시 부서지는데, 우리나라의 「승자勝字」「쌍혈雙穴」 등의 총통은 총신이 짧고 총 구멍이 얕아서 그 맹렬한 힘이 왜의 총통만 같지 못하고 그 소리도 웅장하지 못하므로 조총을 언제나 만들어 보려고 하였습니다.

그런데, 신의 군관 훈련 주부 정사준鄭思竣이 묘법을 생각해

내어 대장장이 낙안 수군 이필종李必從, 순천 사노私奴 안성安成, 피란하여 본영에 와서 사는 김해 절종寺奴 동지同之, 거제 절종 언복彦福 등을 데리고 정철正鐵을 두들겨 만들었는데, 총신도 잘 되었고 총알이 나가는 힘이 조총과 같습니다. 총구멍에 불을 붙이는 기구가 조금 다른 것 같으나 며칠 안으로 다 마쳐질 것입니다. 또 일하기도 그리 어렵지 않아서 수군 소속의 각 관포에서 우선 같은 모양으로 만들게 하였으며, 한 자루는 순찰사 권율權慄에게 보내어 각 고을에서도 같은 모양으로 만들도록 하였거니와 지금 당장에 적을 막아내는 병기는 이보다 좋은 것이 없습니다.

그러므로 정철로 만든 조총 5자루를 봉하여 올려 보내오니 조정에서도 각 도와 각 고을에 명령하여 모두 만들도록 하여 주십시오. 또 만드는 것을 감독하고 제조한 군관 정사준과 위의 대장장이 이필종 등에게 각별히 상을 내리셔서 감격하여 열심히 일하게 하여 모두들 서로 다투어 만들어 내게 함이 좋을 것으로 사려됩니다."[38]

이와 같이 이순신은 종들의 공로까지 최대한 포상하려고 노력했지만 부하들의 죄는 용납하지 않았다. 『난중일기』에는 이순신이 잘못을 저지른 부하들을 처벌했다는 이야기가 자주 등장한다.

"군관과 아전이 전선을 수리하지 않았으므로 곤장을 쳤다. 우후와 군사들 역시 이 지경이 되도록 정비하지 않았으니 해괴하기 짝이 없다. 다만 자기 한 몸 살찌우기에 힘쓰고 이처럼 돌보지 않았으니 앞날의 일도 알 수 있겠다. 군기를 검열했다. 활, 갑옷, 투구, 전통, 환도 등 파손된 물건이 많았다. 모양조차 갖추지 못한 것이 너무 많아, 아전, 궁장과 감고 등을 처벌했다."

이순신은 민가의 개를 잡아먹은 부하에게 곤장 80대를 때리는 벌을 주었다는 기록도 있다. 부하들이 백성들에게 민폐를 끼치지 못하도록 엄중한 벌을 준 것이다. 또 이순신은 도망친 부하들의 주모자를 체포하여 목을 베어 매달아 군기의 엄정함을 부하들에게 주지시키기도 했다. 갑오년1594년 7월 26일 『난중일기』다.

"녹도 만호가 도망간 군사 8명을 잡아 왔기에 그중 주모자 3명은 처형하고 나머지는 곤장을 쳤다."

난중일기에 따르면 이순신이 군법을 적용해서 부하를 처벌한 횟수는 96회에 달하며, 이 중에서 가장 무거운 처벌인 처형處刑만 28회에 이른다. 이순신은 누구보다도 부하들을 사랑했으므로 부하들을 처벌할 때 무척 괴로워했다. 계사년1593년 6월 8일의 『난중일기』다.

―

"…… 각 고을 담당 서리 11명을 처벌했다. 옥과의 향소鄕所-수령을 보좌하는 자문기관에서 전년부터 군사를 다스리는 일을 엄격하게 하지 않은 탓에 결원을 많이 내어 거의 백여 명에 이르렀는데도 매양 거짓으로 보고했다. 그래서 오늘 사형에 처하여 목을 높이 매달아 보였다. 거센 바람이 그치지 않고 마음
―
이 괴롭고 어지러웠다."

이순신은 백성과 나라를 구하기 위해서는 전쟁에서 이겨야만 했고, 이를 위해서는 군율을 칼날같이 세워야 했기 때문에 부하들의 죄를 엄격하게 처벌할 수밖에 없었다.

중국 전국시대에 법치주의를 주창한 한비자韓非子는 동정하는 마음 때문에 허물이 있는 자를 처벌하지 못하면 결국 나라가 위태로워진다고 했다. 제갈공명이 아끼던 장수 마속이 군령을 어기고 패하였을 때 울면서 그를 벤 읍참마속泣斬馬謖도 사사로운 감정으로 벌을 엄정하게 주지 않으면 전투에서 패배할 수밖에 없다는 냉엄한 현실을 잘 알았기 때문이다.

지금 우리는 벌을 제대로 주지 않는 경향이 팽배하다. 높은 수익을 약속하고 투자자를 모으고 나중에 들어오는 투자자금으로 높은 배당을 지급하다가 결국 파산하여 수많은 사람들에게 피해를 주는 다단계 금융사기의 경우를 보아도 우리나라는 처벌의 정도가 매우 약함을 알 수 있다.

"2009년에 문제가 된 미국 나스닥의 회장이던 버나드 메이도 프의 다단계 금융사기 피해액은 650억 불에 이르는데 최종 적으로 150년 징역형을 받았다. 우리나라에서는 비슷한 범죄 자가 몇 년 징역형을 받았을까? 2조 원대의 다단계 사기를 저지른 제이유의 주수도는 12년 징역형을 받는데 그쳤다. 우 리나라에서 경제범죄에 대한 최장의 징역형은 지금까지 23 년인 것으로 알려져 있다. 징벌이 상대적으로 약한 것을 알 수 있다. 대체로 화이트칼라 범죄 특히 그 중에도 대규모 경 제범죄의 경우 범법자가 지능이나 학력이 높고 생계형 범죄 와 달리 피해자가 많으며, 범죄자가 복역을 하고 나오더라도 재범을 저지르는 경우가 많다. 심지어는 교도소 안에서도 새 로운 범죄를 구상하고 또 실행하는 경우도 적지 않다."[39]

우리나라에서도 대규모 다단계 사기는 많은 가정을 파괴하고 피해자를 자살까지 하게 하는 악질적인 범죄이므로 처벌을 대폭 강화해서 이러한 범죄를 억제해야 한다.

혈연, 지연, 학연, 정파 등에 따른 개인적 이익이나 정에 이끌리 면 벌을 제대로 줄 수 없다. 또 부하들이 리더의 부정부패 등 약점 을 알고 있다면 리더는 부하들에게 벌을 주기가 어려워진다. 잘 못한 사람에게 벌을 주면서도 벌 받은 사람까지 수긍하게 할 수 있으려면 리더 자신이 이순신같이 공정하고 청렴결백해야 한다.

중국 전국시대의 명장인 오기吳起도 "상벌에 대한 신뢰가 없다면 징을 울려도 멈추지 아니하고 북을 울려도 나아가지 않을 것이니 비록 백만의 군대가 있더라도 무슨 소용이 있겠습니까."라며 전쟁에 이기기 위해서는 상벌에 대한 신뢰가 중요하다고 강조하고 있다.

지금 우리 사회에는 상을 남발하고 벌은 제대로 주지 않고 있다. 심지어 큰 부정부패를 저질러도 이를 은폐하고 적당히 넘어가려고 한다. 또 벌을 제대로 주는 악역을 기피하면서 마치 관대하고 통이 큰 리더인 것처럼 행세하기도 한다. 이러한 리더들이 많을수록 공정한 사회와 거리가 멀어지는 것은 물론, 국가 경쟁력도 강화할 수 없다.

잘하거나 잘못하거나 똑같이 대우한다고 해서 공정한 것이 아니다. 잘하는 사람에게 상을 주고, 잘못한 사람에게 벌을 주는 것이 공정한 것이다. 이래야만 조직 구성원에게 동기부여가 이루어져 조직의 경쟁력을 강화할 수 있다. 따라서 리더는 상과 벌을 확실히 하는 공정한 불평등equal inequality을 실천해야 한다.

이순신 생태계를
만든다

　과거에 합격한 이순신이 처음 받은 벼슬은 함경도 권관으로 종 9품의 그야말로 미관말직이었다. 이순신이 부임한 곳은 함경도의 동구비보董仇非堡, 머나먼 국경 수비대의 초급 장교였다. 동구비보의 '보堡'는 성도 아니고 진도 아닌 야전 초소와 같은 곳이었다. 국경을 지키기 위해 4년 동안 추위와 싸우면서 여진족의 끊임없는 도발에 맞서야 했다.

　북쪽의 먼 국경에서 가족과 떨어져 근무하던 이순신에게 훈련원 봉사라는 직책이 주어졌다. 역시 종8품의 미관말직으로 인사관계 업무를 담당하게 되었다. 그 후 충청 병사의 군관을 거쳐 전라도 고흥 발포진의 수군 만호로 발령이 났다. 수군과 최초로 인연을 맺은 것이다. 그러나 7개월 후, 이순신은 파직당했다. 한성에서 온 군기경차관 서익이 발포의 군기가 엉망이라며 그를 파직한 것이다. 그러나 이 조치는 이순신이 서익의 인사 청탁을 거절한 것에 대한 보복의 성격이 짙었다.

이순신이 훈련원 봉사라는 말단직으로 인사관계 업무를 담당할 때, 이순신의 상관인 서익이 자기가 잘 아는 사람을 특별 승진시키라는 지시에 대해 이순신은 다음과 같은 이유로 이를 거절했다.

—　　　"서열을 건너뛰어 진급시키면 당연히 진급해야 할
　　　　사람이 진급하지 못합니다. 이러한 불공평한 인사 조치는
—　　　법을 위반하는 것이므로 서류를 작성할 수 없습니다."

이 일이 있은 직후 이순신은 좌천되었으며, 일 년 반 후에는 결국 파면되고 말았다.

이순신이 발포 만호로 있을 때는 직속 상관이 거문고를 만들기 위해 관청의 오동나무를 베려 하자 이를 단호하게 저지한 적도 있었다. 또 이순신이 부당하게 강등당해 다시 미관말직의 무관으로 근무하면서 활쏘기 연습에 열중하던 시절에 지금의 국방장관 격인 병조판서가 이순신의 화살을 넣는 전통箭筒을 자기에게 줄 것을 요구하자 다음과 같은 말로 이를 거절했다.

> "이 전흥을 대감에게 드리는 것은 어렵지 않습니다. 그러나 대
> 감이 이 전흥을 받으면 사람들이 대감을 뭐하고 말하겠습니
> 까? 또 제가 이를 드리면 사람들은 저를 뭐라고 말하겠습니
> 까? 별것 아닌 전흥 때문에 대감과 제가 수치스러운 말을 듣
> 는다면 몹시 죄송할 따름입니다."

마흔두 살의 이순신은 또다시 북행길을 떠나야 했다. 이번에는 함경도 조산보 만호로 전근했다. 그다음 해에는 두만강 어귀의 녹둔도 둔전관에 임명되었다. 끊임없이 국경을 넘어오는 여진족을 막기에 녹둔도의 병력은 너무 빈약했다. 이순신은 병력 증강을 강력하게 요구했지만 묵살당했다. 그 틈에 적이 쳐들어와 많은 양민들이 피해를 입었다. 이 전투에서 이순신은 포로 60여 명을 되찾기도 했으나 병사 이일의 무고로 파직당하고 백의종군하게 되었다. 첫 번째 백의종군이었다.

미관말직을 전전하던 이순신은 45세인 1589년에 종6품인 정읍현감에 임명되었으나 일본의 대규모 침략이 다가오자 임금 선조는 이순신을 8개월 후 육군의 일선 지휘관인 고사리진 병마첨절제사로 임명하였다. 그러나 대간들이 종6품에서 종3품으로 너무 빨리 승진시킨다는 반대로 이순신은 부임하지도 못했다.

한 달 후 만포진 첨사로 임명되었으나 또다시 사간원의 반대로 부임하지 못했다. 임진왜란이 일어나기 1년 2개월 전, 이순신은 진도군수로 발령받았다. 그러나 부임도 하기 전에 가리포 첨사로

전직되었으며, 이곳에도 부임하기 전에 전라 좌수사가 되었다.

인사의 난맥상이었다. 만약 이순신이 세력 있는 당파에 소속되었더라면 인사에서의 발령과 취소의 촌극은 없었을 것이다. 이순신 개인에게는 마음 붙이고 공무를 돌볼 여유가 주어지지 않은 것이다. 이순신은 쉰이 가까운 나이에 수시로 바뀌는 교지를 들고 변방의 임지를 떠돌아야 했다. 이처럼 이순신은 소외된 삶을 살았다.

이순신은 당파싸움과 모략이 판치는 세상에서 억울한 처벌을 받고 세 번 관직에서 쫓겨나고, 2번 백의종군하는 신세를 면치 못했다. 그는 임진왜란이라는 국가적 위기에서 온몸을 바쳐 나라를 구했지만 전쟁 중임에도 억울한 누명을 쓰고 감옥에 갇혀 풀려난 후에도 백의종군하라는 수모를 당했다.

부정부패, 시기와 모함으로 얼룩진 세태 속에서 이순신의 곧은 자세와 행동은 상을 받기는커녕 그에게 세 번의 파직과 두 번의 백의종군이라는 벌을 가져다주었다. 어렸을 때부터 이순신을 잘 알고 있던 유성룡은 『징비록』에 다음과 같은 글을 남겼다.

—   "이순신은 뛰어난 재주와 능력을 가지고 있었다. 하지만 운수
        가 없어 갖고 있던 능력의 100분의 1도 다 쓰지 못하고 죽었
—   다. 참으로 안타깝고 아깝다."

과거에 쓰라린 역사적 경험을 했기에 지금 우리 사회의 풍토

가 크게 나아졌다고 할 수 있는가. 불행하게도 그렇지 않은 것 같다. 이순신처럼 청렴한 공직자가 오히려 요령 없는 사람으로 따돌림을 받아 억울한 벌을 받는 일도 많다. 정부뿐 아니라 기업 등 각계각층에서 이런 세태가 만연한다는 사실을 부인할 수는 없을 것이다.

한 국가, 기업 등 모든 조직에서 가장 중요한 자본은 인간 자본 human capital 이다. 또 "인사人事가 만사萬事다."라는 말도 있다. 우리가 위기의 시대에서 살아남으려면 정부와 기업 등 각계각층에서 이순신같이 훌륭한 사람이 많이 나올 수 있는 환경, 즉 이순신 생태계가 조성되어야 한다. 이를 위해서는 상과 벌이 공정하게 이루어질 수 있는 풍토를 만드는 일이 급선무다.

우리는 혈연, 지연, 학연, 정파 등에 따른 개인적 이익이나 정에 이끌려 일 처리에 공정성을 잃는 예가 많다. 그 결과, 억울하게 피해를 보는 사람들이 많아져 경쟁에 져도 승복하지 않는 경우가 적지 않다. 또 배경 만들기 등 쓸데없는 데 신경 쓰다 보니 위기에 대비하고 경쟁력 자체를 강화하기 위한 노력도 소홀해진다. 사회적 정의를 실현하고 위기에 대비하기 위해서는 기울어진 경기장을 수평이 되게 바로잡기 위해서는 무엇보다도 신상필벌이 중요하다.

이순신이 어지러운 세태 속에서도 나라를 위해 큰 공을 세울 수 있었던 것은 유성룡, 조헌, 이원익 등 자신의 불이익을 무릅쓰고 이순신의 공을 올바르게 평가하는 데 앞장선 사람들이 있었기 때문이다. 우리는 비록 자신과 가깝지 않고 때로는 불이익이 돌아온다 해도 강직하고 능력 있는 사람을 공정하게 평가하는 용기를 가져야 한다. 자기 이익에 눈멀어 훌륭한 사람을 모함하는 데 앞장서거나 이런 일에 함께 휩쓸리는 공범자가 되어서는 안 된다.

참고사례

"진짜 냉혹한 사람은
잘못을 덮어 두는 경영자다"

- 삼성 창업자 이병철

삼성그룹을 창업한 고 이병철 회장은 인사 관리에서 가장 중요한 것이 신상필벌이라며, 잘하는 사람에게 상을 주고 잘 못한 사람에게 벌을 주는 신상필벌 제도가 없다면 회사나 국가는 발전할 수 없다는 확고한 경영 철학을 갖고 있었다. 그는 "회사 내의 잘못을 지적하고 문제점을 과감히 제거하고 용서하지 않는 경영자를 흔히 냉혹한 사람이라고 평하지만, 진짜 냉혹한 사람은 잘못을 덮어두고 미온적인 경영으로 회사와 본인의 장래를 망치고 결국 사회를 혼란케 하는 경영자일 것이다."라고 말하면서 자서전에서 다음과 같은 자신의 경험담을 밝혔다.

—   "우리 그룹의 어느 회사 제품이 시장의 수요에 응할 수 없을
정도로 잘 팔린 적이 있다. 그때 공장장 이하 수십 명의 직원
이 제품을 출하하고 있는 단골 거래처로부터 얼마간의 사례
금을 받은 불상사가 일어났었다. 그때 조직의 기강을 위해 사
장에게 처분을 명했다. 그러나 사장은 '한 번만 용서하십시
오. 그러면 그들은 한층 분발할 것입니다. 금후 이런 일이 일
어나지 않도록 제가 전 책임을 지겠습니다. 저를 봐서 용서
해 주실 수 없겠습니까?'라고 하였다. 경영의 재량권을 인정
받은 사장이 간청하기에 일단 맡기기로 하였다. 그로부터 2
년 후 재조사를 해 본 결과 부정을 하고 있는 직원들의 수가
하역 작업자까지 포함해서 200명을 넘어섰다. 결단력이 없
었던 그 사장은 부정에 관계된 약간의 직원을 작은 온정으로
처벌하지 않아 대량의 부정행위자를 낸 것이다. 그것이 원인
이 되어 회사까지 부실하게 되고 그룹에서 경영자로서의 죄
악을 범했다는 비판이 일자 그 사장은 결국 회사를 그만두지
않을 수 없게 되었다. 일류 대학을 우수한 성적으로 졸업하고
덕망과 양식과 식견識見을 겸비하고 젊어서 사장으로까지 승
진한 사람이기에 애석하다고 말할 수밖에 없었다. 작은 온정
—   이 조직을 부패시켜 커다란 재앙을 불러일으킨 것이다."

이병철은 벌을 제대로 주지 않아 수십 명의 종업원만 퇴사시키
면 될 것을 나중에 200여 명의 직원을 퇴사시키게 된 것을 크게

안타까워했다. 일본에서 '살아 있는 경영의 신'으로 불리는 이나모리 가즈오 교세라 회장은 "소선小善: 작은 선행은 대악大惡: 아주 못된 짓과 닮아 있고, 대선大善: 큰 선행은 비정非情: 인간미가 없음과 닮아 있다."라고 지적한 바와 같이, 벌을 제대로 주지 않고 선의로 베푼 작은 온정이 오히려 더 많은 사람을 해고할 수밖에 없는 냉혹한 결과를 가져온 것이다. 이나모리 가즈오 회장은 2010년에 파산한 일본항공JAL의 경영을 맡아 1년 안에 4만 8천 명의 직원 중 3분의 1에 해당하는 1만 6천 명을 내보내고 성공적으로 구조조정을 해서 3년 만에 회사를 정상궤도에 올려놓은 바 있다.

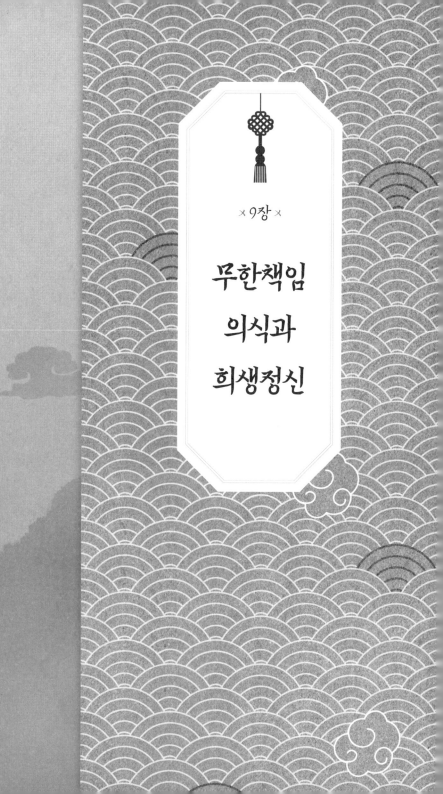

× 9장 ×

무한책임
의식과
희생정신

이순신의 사명감
-"오직 한 번 죽는 일만 남았다"

임진왜란이 터지자 3일 만에 경상도 수군이 무너지고 부산이 함락되었다는 소식을 들은 전라 좌수사 이순신은 장수들을 본영에 모아 대책을 논의했다. 이 자리에서 거의 모든 장수들이 전라 좌수사의 관할 지역을 지키는 것이 옳고, 경상도까지 진출해서 왜적을 친다는 것은 전라좌도 수군의 책임이 아니라고 반대했다. 이에 이순신은 다음과 같이 말하며 장수들의 분투를 촉구했다.

— "적의 기세가 마구 뻗쳐서 국가가 위급하게 된 이때 어찌 다른 도道의 장수라고 핑계하고서 물러나 제 경계만 지키고 있을 것이냐. …… 오늘 우리 할 일은 다만 나가서 싸우다가 죽는

이순신은 경상도에 침투한 왜적을 무찌르기 위해 거제도 옥포에 출정하여 24척으로 적선 30여 척을 침몰시켰다. 곧이어 사천에서 적선 13척을 침몰시켰다. 이 전투에서 이순신은 앞장서서 싸우다가 적의 탄환에 맞았다.

———— "공公: 이순신도 탄환에 맞았는데 왼편 어깨를 뚫고 등에까지 박혀서 피가 발뒤꿈치까지 흘러 내렸다. 공公은 그래도 활을 놓지 않고 종일 독전하다가 싸움이 끝난 뒤에 칼끝으로 살을 쪼개고 탄환을 꺼내니 길이가 두어 치나 되었다. 온 군중이 그제야 알고 놀라지 않는 이가 없었지만 공公은 웃고 이야기 ———— 하며 태연하였다."⁴¹

이후 이순신은 당포, 당항포, 한산도, 안골포, 부산해전에서 연이어 대승을 거두어 남해안의 왜적을 소탕하고 제해권을 확보하게 되었다.

제해권을 빼앗긴 일본은 수륙병진책을 추진할 수 없고, 의병의 봉기와 명나라의 참전으로 육지에서의 전투도 지지부진하게 되었다. 이에 일본은 남의 나라에서 싸우기 싫었던 중국 명나라와 강화회담을 했다. 이때 명나라 지휘관 담종인譚宗仁은 일본과의 강화를 위하여 필요하다며 다음과 같은 공문을 이순신에게 보냈다.

—   "일본 여러 장수들이 갑옷을 벗고 전쟁을 않겠다고 하니 그대
      는 속히 본고장으로 돌아가고, 행여나 일본 진영에 가까이 가
—   서 혼란을 일으키는 일이 없도록 하라."

이 당시 이순신은 중병으로 앉아 있기도 누워 있기도 어려운 형
편이었으나, 다음과 같은 회신을 직접 써서 강력하게 항의했다.

—   "영남 연해안이 내 땅 아닌 곳이 없는데, 나에게 일본 진영 가
      까이 가지 말란 말은 무엇이며, 또 우리가 우리 땅에 있는데,
      각각 본 고장으로 돌아가라 하니, 본고장이란 어디를 말하는
      것인가. 왜적들은 신의가 없는데 화친한다는 말은 거짓말이
      며, 나는 조선의 신하라 의리상 이 도적들과는 한 하늘 아래
—   같이 살 수는 없다."[42]

명나라 장수들은 우리를 도와주러 왔다면서 제대로 싸우지도
않고, 오만 방자하게 온갖 횡포를 부렸다. 그러나 강화회담에 반
대하던 임금인 선조와 조정은 명나라 장수들의 눈치를 보고 비
위 맞추기에 급급했다. 이러한 분위기 속에서 지극한 나라 사랑
과 무한책임 의식이 없었다면 이순신은 불이익을 감수하고 강력
한 항의 공문을 보내지 않았을 것이다.

명나라와 일본간 강화회담이 지지부진하자, 일본은 1597년
1월에 정유재란을 일으켰다. 그러나 어이 없게도 임금 선조는

1957년 3월 터무니없는 죄를 만들어 이순신을 감옥에 가두고, 사형까지 시키려 했다. 한 달 후 가까스로 풀려난 이순신이 백의종군을 하던 중 이순신 대신 원균이 이끌던 우리 수군이 칠천량 해전에서 전멸하다시피 패했다. 이런 상황에서도 이순신은 죽음을 무릅쓰고 앞장서서 싸워 명량해전에서 기적과 같은 대승을 거둬 나라를 구했다.

이와 같이 이루 말할 수 없는 악조건에서 연전연승을 해서 나라를 구했지만, 이순신은 "나는 나라를 욕되게 했다. 오직 한 번 죽는 일만 남았다."라고 자주 말했다고 한다. 이순신은 많은 승리를 거두었는데도 불구하고, 더 완벽하게 적을 소탕하지 못한 것까지 자책할 정도로 책임감이 강했던 것이다.

부하와 백성들의 목숨을 책임지고 있는 최전선의 장수가 떠맡지 않으면 안 되는 책임감이 이순신을 짓눌렀다. 치열한 진주성 전투 끝에 의병장 김천일 등이 전사하고, 논개가 순국한 후인 1593년 7월 9일의 『난중일기』다.

———   "바다에 달은 밝고 잔물결 하나 일지 않네
        물과 하늘이 한 빛인데 서늘한 바람이 건듯 부는구나
———   홀로 뱃전에 앉았으니 온갖 근심이 가슴을 치민다."

이순신은 이와 같은 무한책임 의식과 사명감으로 "오직 한 번 죽을 일만 남았다"는 자세로 적을 응징하게 되었다.

이순신의 유언
- "나의 죽음을 알리지 마라"

　일본을 통일한 후 조선을 침략한 일본의 최고 통치자 도요토미 히데요시가 1598년 8월 18일 병으로 사망했다. 이에 따라 조선에 침입한 일본군에게 전면 철수의 밀명이 내려졌다.

　이 당시 이순신은 진린의 명나라 수군과 합동으로 고니시 유키나가의 대규모 육군 부대가 주둔하고 있는 순천 왜성의 앞바다를 봉쇄하고 있었다. 일본으로 후퇴의 길이 막힌 유키나가는 명나라 진린에게 뇌물을 주고 바닷길을 열어 줄 것을 요청했다. 이를 수락한 진린이 이순신에게 협조를 요청했지만, 이순신은 "원수인 왜적을 놓아 보낼 수는 없다."라며 진린의 요청을 단호히 거부했다.

자력으로 해상 탈출이 불가능하게 된 유키나가는 경상도 지역에 있는 일본 수군에게 도움을 요청하기로 했다. 그러나 조선과 명나라 연합함대에 의해 모든 해로가 차단된 상태였으므로, 유키나가는 또다시 진린에게 뇌물을 주고 배 한 척이라도 빠져나갈 수 있도록 길을 열어 달라고 요청했다. 이러한 요청을 수락한 진린이 수로를 열어주자, 유키나가는 척후선 한 척을 보내 경상도에 있는 일본 수군에게 도움을 요청할 수 있었다.

1598년 11월 18일 밤 유키나가를 구출하기 위한 500여 척의 일본 연합함대가 노량해협에 나타났다. 밤바다에 노량해협을 가득 메운 대규모 일본 함대의 불빛이 긴 뱀처럼 보였다고 한다.

평소 "나는 적이 물러나는 그날에 죽는다면 아무런 유감도 없다"고 말하던 이순신은 광양만 바다 위의 대장선에서 다음과 같이 하늘에 빌었다.

— "오늘 진실로 죽기를 결심하였으니 하늘에 바라옵건데 반드
— 시 왜적을 섬멸하게 해 주소서今日固 死 願天必殲此賊."

이러한 각오로 이순신은 83척의 전선으로 대규모 일본 함대를 격파하기 위해 즉시 출전하기로 결정하고, 이를 진린에게도 알렸다. 진린은 유키나가와의 강화협상에서 타협점을 찾지 못한 상태여서 일본 구원군의 공격을 받을 위험성이 있다고 판단해서 이순신 함대와 함께 노량해전에 나서게 되었다.[43] 진린이 이끄는

명나라 함대는 300여 척으로 알려져 있으나 전투력은 약했다고 한다.

1598년 11월 19일 새벽 2시경, 칠흑 같은 밤바다에서 이순신과 진린의 연합함대와 일본 함대 간 전투가 벌어졌다. 이순신과 진린의 연합함대는 처음부터 북서풍을 이용한 화공火攻을 펴면서 승기를 잡았다. 바다는 강한 북서풍을 타고 날아다니는 불꽃으로 벌겋게 물들었다고 한다.

이순신과 진린의 연합 함대에 쫓긴 적군은 관음포로 밀려들었다. 당시 왜적은 관음포가 막힌 포구가 아니라 남해 쪽으로 연결된 바다로 알고 있었다. 당시 왜군의 지도에는 관음포에서 남해 앞으로 바다가 연결된 것처럼 청색으로 칠해져 있었다고 한다. 그래서 이 근처를 가짜 청색이라는 의미에서 가청도라고도 부른다.

관음포로 몰려간 적선은 퇴로를 완전히 차단당한 채 포위되고 말았으며, 죽음을 앞둔 적들의 저항은 처절했다. 어느덧 날이 훤히 밝았으며, 이때까지 뱃전에서 진두지휘하던 이순신은 적의 조총에 피격당했다. 이순신의 최후 모습이다.

— "이순신은 친히 북채를 잡고 추격하여 죽이는데, 적의 군졸이 배꼬리에 엎드렸다가 이순신을 향해 일제히 쏘았다. 이순신이 총알을 맞고 인사불성이 되었다. 급히 장좌將佐에게 명해 방패로 신체를 지탱하게 하고, 그들로 하여금 비밀로 하여 발상發喪하지 못하게 했다. 이에 그 아들 이회가 배에 있다가 아

—   서지의 분부에 따라 북을 올리며 기를 휘둘렀다."[44]

그 순간 이순신의 부하들이 달려왔다. 이순신은 마지막 순간에도 전투만을 염려하면서 다음의 말을 남겼다.

—   "싸움이 한창 급하니 나의 죽음을 알리지 마라戰方急 愼勿言我死."

이순신은 자신의 죽음을 곁에서 지켜본 큰아들 회와 조카 완 등 부하들에게 자신의 죽음을 다른 사람에게는 알리지 말고, 대신 진두지휘해서 전투를 승리로 이끌 것을 당부한 것이다. 이에 따라 이들은 전투가 끝날 때까지 독전기를 휘두르고 진두지휘를 했으며, 대승을 거둘 수 있었다.

패배한 적들은 도망가기에 바빴다. 적장 고니시 유키나가는 전투가 한창일 때 멀리 조명연합함대를 피해 큰 바다로 빠져나가 일본으로 도망갔다. 적 수군연합함대의 대장격인 시마즈는 자신의 전선이 파손되어 부하의 배에 구출되어 일본으로 패주했다. 다음은 도체찰사 이덕형의 보고서다.

—   "왜적은 대패했으며 물에 빠져 죽은 자는 그 수를 헤아릴 수 없다. 왜선 100여 척이 패몰했으며, 사상자는 수천 명에 이르렀다. 왜의 시체와 부서진 뱃조각, 무기, 의복 등이 바다를 덮
—   어, 바닷물이 흐르지 못했으며 바닷물은 온통 붉었다."

이순신은 왜 죽음을 각오하면서까지 도망가려는 왜적을 섬멸하려고 했을까? 적에 대한 원한과 복수심 때문만은 아니었을 것이다. 그보다는 적이 도망가도록 그대로 놔두면 우리를 만만히 보고 다시 침략할 것을 크게 우려하여, 다시 침략할 엄두조차 내지 못하도록 철저히 응징했을 것이다.

마침내 전투가 대승으로 끝났다. 곳곳에서 조선 수군의 환호성이 터져 나왔다. 그러나 이순신의 대장선은 조용했다. 응당 길게 천아성이 울리고 흥겨운 승전고가 울려 퍼져야 할 대장선은 조용했다. 명나라 대장 진린이 승전의 기쁨을 나누기 위해 이순신의 대장선에 와서 이순신의 전사 소식을 듣고는 3번이나 넘어지면서 대성통곡을 했다. 진린은 이순신을 추모하면서 다음과 같은 글을 남겼다.

—   "추억하건대 평시에 사람을 대해 이르되 '나라를 욕되게 한 사람이라 오직 한 번 죽는 것만 남았노라.' 하시더니 강효를 이미 찾았고 큰 원수마저 갚았거늘 무엇 때문에 오히려 평소 —   의 맹세를 실천해야 하시던고."[45]

이순신의 전사 소식에 우리 수군과 명나라 수군들의 통곡 소리가 온 바다에 울려 퍼졌다. 노소 불문하고 온 백성들의 울음소리가 그치지 않았으며, 선비들은 제문을 바치고 제사를 지냈다.

이순신이 마지막 전투에서 완승 직전에 돌아가신 것을 생각하면 안타깝기 그지없다. 그러나 이순신이 마지막까지 싸우다가 순국했기 때문에 우리 가슴속에 영원히 살아 계신다는 생각도 든다. 박승종의 충민사기 기록이다.

— "공 이순신으로 하여금 만일 그날에 죽지 않게 했다면 일개 공
    신에 지나지 않았을 것인데, 이제 그 충성을 현양하고 절개를
— 표창함이 천지에 찬란하니, 비록 죽었어도 오히려 살았도다."

『근세 일본국민사』에 나오는 일본의 이순신에 대한 평가다.

— "이순신은 이기고 죽었으며 죽고 나서도 이겼다. 조선전쟁 임
    진왜란 7년 동안에 …… 참으로 이순신 한 사람을 자랑삼지 않
    을 수 없다. 일본 수군의 장수들은 이순신이 살아 있을 때 기
    를 펴지 못했다. 그는 실로 조선의 영웅일 뿐만 아니라 동양
— 3국을 통틀어 최고의 영웅이었다."

우리가 일본의 지배를 받던 1921년 영국의 해군 제독인 발라드George Alexander Ballard는 『일본 정치 역사에 미친 바다의 영향The influence of the sea on the political history of Japan』이란 저서에서 이순신에 대해 다음과 같이 썼다.

— "넬슨과 어깨를 나란히 하는 해군 제독이 있다면 영국인들은
받아들이기 힘들겠지만, 수많은 전투에서 한 번도 실수하지
않고 조국의 수호자로서 인생을 마감한 이순신을 인정할 수
— 밖에 없다."

넬슨이 역사상 가장 위대한 제독이라고 굳게 믿는 영국 제독으로서 남의 지배를 받고 있는 나라의 제독에 대해 할 수 있는 최고의 찬사가 아닌가 한다.

2017년 4월 서울에서 열린 국제 학술 세미나 '세계 속의 이순신'에서 이노우에 야스시 일본 방위대 교수는 "1904년 러일전쟁에서 승리한 일본의 도고 헤이하치로 제독은 자신의 승리가 '넬슨한테는 비교될 수 있어도 이순신한테는 비교될 수 없다'고 말했다."라며 이순신을 한 수 위로 쳤다.[46]

이러한 이순신이 있었음에도 우리는 위기에 제대로 대비하지 못해 임진왜란 후에도 병자호란으로 삼전도의 굴욕을 당하고 일본의 지배까지 받았다. 지금과 같은 위기의 시대에 특히 모든 분야의 책임자들은 이순신의 무한책임 의식과 사명감을 되새겨 보아야 하겠다.

참고사례

보안책임자의 사명감과
뉴욕 9.11테러의 '모건스탠리 기적'

2001년 9월 11일 미국에서 발생했던 항공기 납치 동시다발 자살 테러로 뉴욕의 110층짜리 세계무역센터WTC 쌍둥이 빌딩이 붕괴되고, 약 3,000명이 사망했다. 그 당시 세계적인 투자은행 모건스탠리는 쌍둥이 빌딩 중 나중에 무너진 '남부타워' 73층에 입주해 있었다. 화재로 전기가 나가자 사무실이 아수라장이 됐지만 2,700여 직원 중 희생자는 13명에 불과했다. 이를 '모건스탠리의 기적'이라고 하며, 어떻게 이러한 기적과 같은 일이 가능할 수 있었는가를 살펴보려고 한다.

모건스탠리의 기적은 보안책임자인 릭 레스콜라Rick Rescorla 의 무한책임 의식과 희생정신 덕분에 가능했다. 그는 1939년 영국에서 태어났지만 베트남 전쟁에 참전하여 여러 개의 훈장을 받았다. 이후 미국으로 이주해 미군에 복무하다 퇴역한 후 1985년부터 모건스탠리 세계무역센터 지부의 보안책임자로 근무했다.

그는 모건스탠리에서 보안책임자로 일하면서 1993년에 있었던 세계무역센터 지하에서 있었던 무슬림 테러리스트에 의한 폭발사고를 경험했다. 이에 그는 세계무역센터도 테러에 안전하지 않다는 사실을 직시하고, 잠재적인 재난위험을 분석하고 재난대비 계획을 마련했다.

더 나아가서 그는 많은 불평에도 불구하고 실제로 비상상황이 발생한 것처럼 강도 높은 재난대비훈련도 반복적으로 실시했다. 그는 직원들이 복도에서 합류해 두 사람씩 짝을 지어 계단으로 내려가도록 훈련했다. 또한 함께 이동할 팀을 지정해 주고 각 팀의 리더를 선정한 다음, 리더들에게 별도의 훈련을 추가로 실시했다. 그는 모건스탠리 뉴욕센터 지부를 방문하는 고객들까지도 재난에 대비한 안내를 받도록 했다.

2001년 9월 발생한 9.11테러 사건은 전 세계를 충격에 빠뜨렸다. 2001년 9월 11일 오전 8시 46분, 한 여객기가 세계무역센터 쌍둥이 빌딩 중 하나인 북부타워로 돌진하면서 9.11테러는 시작되었다. 실제 비상상황이 발생한 순간, 쌍둥이 빌딩 남부타워에 있던 모건스탠리 직원들은 반대편 빌딩의 사무실 사람들이 유리창을 깨고 화염을 피하기 위해 창밖으로 뛰어내리는 것을 보았다. 조금 후 당국은 남부타워에 있는 사람들에게 일단 대기하라는 명령을 내렸다. 그러나 레스콜라는 이미 마련한 비상계획에 따라 확성기를 갖고 각 층을 돌아다니며 직원들에게 당장 대피하라고 명령했다. 직원들은 모두 평소 훈련한 대로 대피 통로를 따라 비상시의 매뉴얼대로 도피했다. 17분 후, 9시 3분에 또 다른 여객기가 남부타워를 들이받으면서 전기는 나가고 사무실은 아수라장이 됐다. 레스콜라는 직원들이 공포에 질리지 않게 확성기를 들고 '신의 은총이 있기를God Bless America'이라는 노래를 부르며 대피를 유도했다.

그는 모건스탠리의 직원 중 13명을 제외한 나머지 직원 2,687명뿐만 아니라 그 날 강의를 들으러 온 250명에 달하는 고객들의 목숨을 구하는 데에도 앞장을 섰다. 그러나 그는 빌딩을 탈출한 뒤 더 많은 사람들을 구하기 위해 또다시 빌딩으로 들어갔고, 결국 남부타워도 무너져 목숨을 잃었다. 릭 레스콜라는 마지막 건물이 붕괴되기 직전 아내 수잔에게 전화로 다음과 같은 말들을 남겼다고 한다.

— "울지 말아요, 나는 이 사람들을 안전하게 나오게 해야 해요."
"만약 내게 무슨 일이 생긴다면 당신을 만난 내 인생은 항상 행복했었다는 것을 알아줬으면 좋겠어요. 당신은 내 인생을
— 만들었습니다."

레스콜라는 숭고한 희생정신으로 수많은 사람들을 구한 진정

한 영웅이었다.

모건스탠리는 다음 날인 9월 12일 본사를 제외한 모든 지점에서 업무를 재개했다. 평소 긴급 대책 플랜, 비즈니스 상시 운영체계, 위기 커뮤니케이션, 재무 위험 분산과 보험, 조기경보 시스템 같은 위기관리 시스템을 운영했기 때문이다. 모건스탠리의 뛰어난 위기관리 시스템과 한 영웅의 이야기는 수만 명의 직원을 책임진 오늘날의 모든 기업에 잊을 수 없는 교훈을 남겼다.

'정신과 태도'가 중요하다

일의 성격과 방식이 크게 바뀌는 4차 산업혁명뿐만 아니라 기후변화, 인구감소 등 많은 면에서 불확실성이 크게 증대되고 있으므로 불확실성 대응능력과 위기관리 능력은 더욱 중요해지고 있다. 이에 따라 기업, 정부 등 사회는 지식뿐만 아니라 도전정신, 인내력, 자신감, 봉사정신, 겸손함 등 '정신과 태도' 면에서 바람직한 인재를 요구하고 있다.

세계 1위 컨설팅 그룹인 맥킨지의 최근 조사에 따르면 학력 수준과 사회가 요구하는 '정신과 태도'와는 별로 상관관계가 없는 것으로 나타났다. 오히려 '신뢰 고취능력'이나 '겸손함' 등은 교육 수준이 높을수록 떨어지는 것으로 나타났다고 한다. 따라서

각자 스스로 사회가 요구하는 '정신과 태도'를 갖추도록 노력해야 한다.

이러한 관점에서 우리는 성웅聖雄, 즉 '거룩한 영웅'이라고 칭송받고 있는 이순신을 스승으로 삼고, 이순신의 희생과 봉사정신, 용기와 도전정신, 인내심과 자기통제 능력, 진정성과 신뢰 고취 능력, 겸손함 등을 본받아야 한다. 이렇게 하면 불확실성 대응력과 위기관리 능력을 배양할 수 있음은 물론 존경받는 리더로서 크게 성장할 수 있을 것이다.

인간 이순신을 알기 위해서는 이순신 관련 책들, 그중에서도 '세계기록문화유산'으로 지정된 『난중일기』를 읽어 볼 필요가 있다. 유네스코 국제지문위원회는 "전쟁 중에 해군의 최고 지휘관이 직접 매일의 전투 상황과 개인적인 감정을 담은 『난중일기』와 같은 기록물을 찾기 힘들며, 문장이 탁월하고 시대상도 잘 반영되어 있다."라며 『난중일기』를 높이 평가했다.

난중일기는 임진왜란이 일어난 1592년 임진년에서부터 1598년 노량해전에서 최후를 맞기 이틀 전까지 있었던 일을 이순신이 직접 쓴 기록물이다. 7년 전쟁 중에 쓰인 『난중일기』를 읽으면 우리는 인간 이순신에게 가까이 다가갈 수 있다. 『난중일기』의 구절이다.

—   "이날 밤 날씨는 몹시 차가운데 겨울 달은 낮과 같이 밝다.
        잠자리에 들었으나 잠을 이루지 못하여 온 밤을 이리 뒤척이

—　　　고 저리 뒤척이고 했다. 온갖 근심이 치밀었다."

—　　　"촛불을 밝히고 홀로 앉아 나랏일을 생각하니 무심결에 눈물
　　　　이 났다. 또 나이 여든이나 되신 병드신 어머니를 생각하며
—　　　뜬눈으로 밤을 새웠다."

　전쟁은 길고 참혹했다. 전쟁 중에 이순신은 어머니와 아들을
잃었다. 많은 부하들과 백성들의 죽음을 보아야 했다. 나라의 운
명을 혼자 짊어진 듯한 중압감에 시달렸다. 한 인간이 감당하기
에 너무나 큰 고통이 이순신을 짓눌렀다.

　이순신은 걱정과 외로움으로 단 하루도 편히 잠을 자지 못했
다. 이순신을 견디게 한 것은 붓과 종이였다. 전쟁터에서 외로운
장수, 이순신은 작전 일지도 아닌 개인 일기를 썼다. 전쟁과 전
투, 죽임과 죽음으로 점철된 시간, 그 고난의 시간을 견디게 해
주는 유일한 돌파구였는지 모른다.

　사람들은 마음의 거울을 닦기 위해 일기를 쓴다고 한다. 이순
신의 일기 쓰기도 청동거울을 닦듯 마음을 닦는 일이었을 것이
다. 이순신의 일기를 보며 그 붓끝에 담았던 마음을 함께 느껴보
며, 스스로의 마음도 되돌아보아야 하겠다.

　이순신에 가까이 다가갈 수 있는 또 다른 방법은 남해안에 있
는 수 많은 전적지를 답사하는 것이다. 한산대첩이 있었던 한산
도는 이순신이 1,340일3년 8개월 동안 조선 바다의 제해권을 지켜

낸 곳이다. 이순신은『난중일기』1,491일분 중 1,029일분의 일기를 한산도에서 썼다. 그리고 억울한 누명을 쓰고 체포된 후 다시 돌아오지 못한 곳도 한산도다. 수루와 활터, 제승당 등 이순신의 체취를 느낄 수 있는 유적이 있는 곳이다.

해남과 진도 사이에 있는 명량대첩의 전적지도 답사할 필요가 있다. 해남과 진도 사이를 잇는 대교 위에서 명량해협을 잘 바라볼 수 있다. 빠른 조류가 좁은 물길을 지나면서 물살은 서로 엉켜 소용돌이치며 흘러간다. 그 소리가 마치 울음소리 같이 들린다고 하여 울돌목, 한자로 명량鳴梁으로 불린다.

명량의 바다 위에서 이순신은 고작 13척의 전함으로 수백 척에 달하는 적 전함들과의 전투에서 기적과 같은 승리를 이끌어 냈다. 필자는 여러 번 명량까지 달려와 명량대첩이 있던 그날의 역사와 이순신을 세세히 떠올리며 깊은 감회에 젖어 들고는 했다. 이와 더불어 이순신의 희생과 도전정신, 용기와 솔선수범, 승리 후의 겸손한 자세 등을 되새기며 '정신과 태도'를 가다듬게 된다.

모든 면에서 불확실성과 위기가 고조되고 있는 지금, 이 책이 이순신의 정신과 태도를 본받아 최선의 위기관리의 실마리를 찾는 데 조금이라도 도움이 될 수 있기를 바란다.

1세 1545년, 인종 원년

3월 8일 양력 4월 28일 서울 건천동에서
덕수 이씨의 셋째 아들로 태어나다.

21세 1565년, 명종 20년

보성 군수 방진의 딸과 결혼하다.

23세 1567년, 명종 22년

2월, 장남 회가 태어나다.

27세 1571년, 선조 4년

2월, 둘째 아들 예가 태어나다.

28세 1572년, 선조 5년

8월, 훈련원 별과 시험에 응시 중,
말 위에서 떨어져 다리를 다치다.

× 이충무공 연보 ×

32세 1576년, 선조 9년

2월, 무과에 합격하다.
12월, 함경도 동구비보의 권관종9품이 되다.

33세 1577년, 선조 10년

셋째 아들 면이 태어나다.

35세 1579년, 선조 12년

2월, 훈련원 봉사종8품가 되다.
10월, 충청 병사의 군관이 되다.

36세 1580년, 선조 13년

6월, 발포의 수군 만호가 되다.

38세 1582년, 선조 15년

1월, 발포 만호에서 파직되다.
5월, 복직되어 훈련원 봉사가 되다.

39세 1583년, 선조 16년

7월, 함경도 남병사의 군관이 되다.
10월, 건원보乾原堡의 권관이 되다.
11월, 훈련원 참군參軍으로 승진하다.

42세 1586년, 선조 19년

1월, 사복시의 주부종6품가 되다.
16일 후, 다시 함경도 조산보 만호造山堡 萬戶로 전근되다.

43세 1587년, 선조 20년

8월, 녹둔도鹿屯島의 둔전관을 겸하다.
여진족의 기습을 물리쳤으나
병사 이일의 무고로 파직되어 백의종군하다.

44세 1588년, 선조 21년

집으로 돌아오다.

45세 1589년, 선조 22년

2월, 전라 감사의 군관이 되다.
12월, 정읍현감이 되다.

46세 1590년, 선조 23년

7월, 고사리진 병마첨절제사로 발령되다.

47세 1591년, 선조 24년

2월, 전라 좌수사로 임명되다.

48세 1592년, 선조 25년

4월, 임진왜란이 일어나다.
5월, 옥포 · 합포 · 적진포해전에서 승리하다.
6월, 사천 · 당포 · 당항포 · 율포해전에서 승리하다.
왼쪽 어깨에 적의 총탄을 맞았으나 치유되다.
7월, 한산도 앞바다 해전에서 대승을 거두다.
9월, 부산해전에서 승리하다.

49세 1593년, 선조 26년

8월, 삼도수군통제사로 임명되다.

50세 1594년, 선조 27년

10월, 장문포의 왜군을 수륙으로 협공하다.

53세 1597년, 선조 30년

3월, 원균의 모함과 당쟁의 희생이 되어
한성으로 끌려가 감옥에 갇히다.
4월, 도원수 권율 밑에서 백의종군하다.
8월, 삼도수군통제사로 재임명되다.
9월, 명량해전에서 대승을 거두다.

54세 1598년, 선조 31년

2월, 수군 진영을 고금도로 옮기다.
11월 19일 양력 12월 16일 마지막 싸움인 노량해전에서
전사하다.

미주

1   『이충무공전서』, 권 9, 부록 「행록」, 이은상 역, 이분 찬, 성문각, 1992

2   앞의 책, 「행록」.

3   앞의 책, 「행록」.

4   앤드류 킬패트릭, 『워렌 버핏 평전 2』, 안진환 · 김기준 역, 월북, 2008, 189쪽.

5   줄리엣 카이엠, 『악마는 잠들지 않는다』, 김효석 · 이승배 · 류종기 역, 민음사, 2023, 23쪽.

6   회색 코뿔소의 위기에 대해서는, Michele Wucker, 『회색 코뿔소가 온다』, 이주만 역, 비지니스북스, 2016을 참조.

7   재레드 다이아몬드Jared Diamond, 『대변동: 위기, 선택, 변화』, 강주현 역, 김영사, 2019, 24쪽.

8   「윤대현의 마음읽기」, 중앙일보, 2020년 2월 11일.

9   앤드류 그로브, 『편집광만이 살아남는다』, 유영수 역, 한국경제신문, 1998, 20-23쪽.

10   제장명, 「이순신 정론 I –해전횟수, 면사첩, 백의종군-」, 『이순신연구논총』, 제17호, 16-32쪽.

11   이민웅, 『임진왜란 해전사』, 청어람미디어, 2004, 95쪽.

12   홍하상, 『이병철에게 길을 묻다』, 북지인, 2010, 383-384쪽.

13   이병철, 『호암자전』, 나남, 2014, 373쪽.

14   조선일보, 2021년 4월 15일, A32쪽.

15   앤드루 킬패트릭, 『워렌 버핏 평전 2』, 안진환 · 김기준 역, 월북, 2008, 32쪽.

16   앞의 책, 34-35쪽.

17   알렉산더 버라디, 『서번트 리더의 조건』, 이덕열 역, 시아출판사, 2003.

18   김주환, 『회복탄력성』, 위스덤하우스, 2023, 22쪽.

19   케일 가젤, 『하버드 회복탄력성 수업』, 손현선 역, 현대지성, 2021, 60쪽.

20   황장석, 『실리콘밸리 스토리』, 어크로스, 2017, 33쪽.

21   정주영, 『시련은 있어도 실패는 없다』, 제삼기획, 1991년, 122쪽.

22   앞의 책, 123-124쪽.

23   "빌 게이츠 서울대 특강, 「내가 하버드 중퇴한 이유는」", 조선비즈, 2013년 4월 22일.

24 요르크 치들라우,『경영자 간디』, 한경희 역, 21세기북스, 2004, 13쪽.

25 민병돈,「타고난 장재將材, 이순신의 리더십」,『9인의 명사, 이순신을 말하다』, 자연과 인문, 2009, 104쪽.

26 이나모리 가즈오,『왜 리더인가』, 김윤경 역, 다산북스, 2015, 70쪽.

27 앞의 책, 70쪽.

28 앞의 책, 75-80쪽.

29 정문술,『왜 벌써 절망합니까』, 청아출판사, 1998.

30 빅터 프랭클,『죽음의 수용소에서』, 이시영 역, 청아출판사 개정보급판 2020, 128쪽.

31 조코 윌링크 · 레이프 바빈,『네이비씰 승리의 기술』, 최규민 역, 메이븐, 2019, 131쪽.

32 짐 콜린스,『위대한 기업은 다 어디로 갔을까』, 김명철 역, 김영사, 2010, 37-38쪽.

33 앞의 책, 63-64쪽.

34 짐 콜린스,『좋은 기업을 넘어 위대한 기업으로』, 이무열 역, 김영사, 2002, 64쪽.

35 이나모리 가즈오,『왜 리더인가』, 김윤경 역, 다산북스, 2021, 197쪽.

36 앤드류 킬패트릭,『워렌 버핏 평전 2』, 안진환 · 김기준 역, 월북, 2008, 214쪽.

37 앞의 책, 247-302쪽.

38 조성도 역,『임진장초』, 연경문화사, 1991, 145-146쪽.

39 오세종,「이순신과 신상필벌-신상필벌로 대의大義를 세우다」,『이순신 정신과 리더십』, 자연과인문, 2020, 348-349쪽.

40 『이충무공전서』, 권 9, 부록「행록」, 이은상 역, 이분 찬, 성문각, 1992.

41 앞의 책,「행록」.

42 앞의 책,「행록」.

43 이민웅,『임진왜란 해전사』, 청어람미디어, 2004, 270쪽.

44 조경남,『난중잡록』.

45 이충무공신도비명 참조.

46 안영배,『잊혀진 전쟁 정유재란』, 동아일보사, 2018, 58쪽.

위기의 시대,
왜
이순신인가

초판 1쇄 발행   2024. 2. 7.

지은이   지용희, 장호준
펴낸이   김병호
펴낸곳   주식회사 바른북스

편집진행   박하연
디자인   김민지

등록   2019년 4월 3일 제2019-000040호
주소   서울시 성동구 연무장5길 9-16, 301호 (성수동2가, 블루스톤타워)
대표전화   070-7857-9719 | **경영지원**   02-3409-9719 | **팩스**   070-7610-9820

•바른북스는 여러분의 다양한 아이디어와 원고 투고를 설레는 마음으로 기다리고 있습니다.

이메일   barunbooks21@naver.com | **원고투고**   barunbooks21@naver.com
홈페이지   www.barunbooks.com | **공식 블로그**   blog.naver.com/barunbooks7
공식 포스트   post.naver.com/barunbooks7 | **페이스북**   facebook.com/barunbooks7

ⓒ 지용희, 장호준, 2024
ISBN 979-11-93647-88-2 03900